高等职业教育"十二五"规划教材

大学生素质
拓展训练

周芸 姜层 ■ 主编

姜安心 ■ 主审

人民邮电出版社

北 京

图书在版编目（CIP）数据

大学生素质拓展训练 / 周芸，姜层主编. -- 北京：
人民邮电出版社，2014.9（2016.9重印）
高等职业教育"十二五"规划教材
ISBN 978-7-115-36295-7

Ⅰ. ①大… Ⅱ. ①周… ②姜… Ⅲ. ①大学生－素质
教育－高等职业教育－教材 Ⅳ. ①G640

中国版本图书馆CIP数据核字(2014)第144876号

内 容 提 要

本书系统介绍大学生素质拓展训练相关的内容，主要包括两个部分，第一部分为理论，共有4个章节，分别为拓展训练概述、拓展训练的理论基础、拓展训练的课程模式以及拓展训练的场地和器械；第二部分为实践，共有5个章节，分别为破冰项目、热身项目、个人挑战与团队熔炼相结合项目、团队熔炼（挑战）项目和组织融合类项目。

本书既可作为高职高专院校在校生的素质拓展课程教材，也可作为社会从业人员或各企事业单位素质拓展培训相关的指导书。

◆ 主　　编　周 芸　姜 层
　　主　　审　姜安心
　　责任编辑　韩旭光
　　责任印制　张佳莹　焦志炜

◆ 人民邮电出版社出版发行　　北京市丰台区成寿寺路 11 号
　　邮编　100164　电子邮件　315@ptpress.com.cn
　　网址　http://www.ptpress.com.cn
　　三河市中晟雅豪印务有限公司印刷

◆ 开本：787×1092　1/16
　　印张：10.75　　　　　　2014 年 9 月第 1 版
　　字数：248 千字　　　　2016 年 9 月河北第 4 次印刷

定价：23.00 元
读者服务热线：(010)81055256　印装质量热线：(010)81055316
反盗版热线：(010)81055315

前言

Preface

20世纪末，随着我国企业培训的成长和需求，拓展训练在我国茁壮成长。几年后，这种备受人们关注的新奇体验式学习进入了校园，并很快得到学生们的认可和追捧。学生对于拓展训练课的喜欢促进了学校拓展教学的快速开展，校园一隅的拓展课堂掌声雷动，喊声四起，学生们兴致盎然，将课堂演绎成一个体验学习的乐园。课外学生组织在一起开展拓展活动的场景展现在许多高校校园，越来越多的人竞相参与，感受拓展的魅力。

在此书的编写过程中，我们力求体现4个特点：一是实用性，本书主要针对的对象是高校的学生，力求用通俗易懂的语言让读者了解拓展训练的实施过程；二是可读性，本书各章节独立性强，不需要像一般理论书一样需要研读全文，读者可以根据需要选择性阅读；三是可操作性，本书介绍各类拓展项目，并指导读者在拓展训练时如何组织和实施；四是趣味性，书中穿插一些小贴士、阅读材料、图片和案例，增强了阅读的乐趣。

本书具体编写分工为：第一和第二章由周芸编写，第三章由姜层编写，第四和第五章由唐依明编写，第六至第九章由姜层、周芸、何欢、徐钦和朱未编写。全书由周芸负责组稿和统稿，由姜安心负责审稿和定稿。

本书编写时参阅了有关教材以及网上公开发布的资料和文献，并得到许多同行专家的支持和帮助，在此谨致谢意。

限于编者的水平和经验，书中难免有不少缺点和错误，恳请读者批评指正。

编 者
2014年5月

目录

Contents

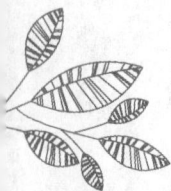

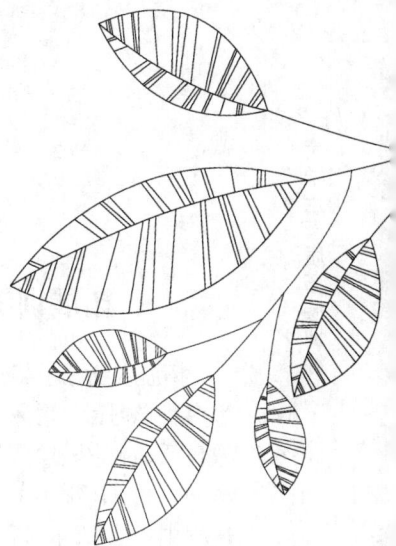

第一章

拓展训练概述

本章介绍了拓展训练的起源、产生和发展，对拓展训练做出了定义；通过介绍 Outward Bound 对我国拓展训练的影响，探讨拓展训练在高校中的形成和发展，通过实践分析拓展训练是学校传统教育有益和必要的补充。

第一节　拓展训练的起源

一、拓展训练的起源

拓展训练源于英文 Outward Bound，是将体能、心理、管理与社会适应等多种学习目标融入户外运动元素，按照体验式的学习模式进行的一种团队教育活动。它以项目为载体，以体验为方式，以感悟为目的，采用体验式的学习方式，让学生主动地去发现、思考、分析和解决问题，在参与、体验的过程中，他们的心理受到挑战，思想得到启发，然后学生共同讨论总结，进行经验分享，感悟人生道理，与传统的知识学习和技能培训相比，少了一些说教和灌输，多了一些过程中的体验和感悟。

> 在活动中体验
> 在体验中学习
> 在学习中成长

在学校，拓展训练作为一种突破传统教育思维和教学模式要求的全新理念，通过拓展项目中一系列新颖、刺激的情境设计，让学生在特定的环境中去思考、去发现、去醒悟，对自己、对同学、对团队重新认识、重新定位，这是拓展训练给学生带来的心理震撼，也是拓展训练的意义所在，学生踊跃参与拓展中毕业墙锻炼的场景，如图 1-1 所示。

图 1-1　拓展中毕业墙锻炼学生体能、心理、团队能力

阅读材料

由于拓展训练大量项目在培训领域并以户外活动为主，很多人将其等同于"户外体验式培训"，事实上，拓展训练只是户外体验式教育所包含的培训活动中的一个分支。"拓展训练"一词，是中国对这种体验式教育的本土化认识，是最早引入中国的"人众人"培训机构对它的命名，也是"人众人"培训机构的注册商标。拓展训练在培训领域所带来的潜在价值和震撼效果得到了广泛认可，在十余年的发展历程中，正如它的名字一样，在不断"拓展"，现今已由课程产品发展成为一种教育理念和学习模式，同时得到了学校教育系统的认可。

二、Outward Bound

Outward Bound 是最早的以冒险为基础的教育活动，Outward 是向外的意思，Bound 喻指去迎接未知的挑战和风险。拓展训练主要是在 Outward Bound 的教育理念影响下产生的，因此，了解 Outward Bound 的产生过程以及当时的教育思想和模式十分必要。

最初 Outward Bound 只在航海中使用，是船只出发前，用于召唤船员上船的旗语，表明船的出发时刻到了。现在 Outward Bound 作为一种学习方式被越来越多的人接受，并在教育领域被诠释为"一艘小船在暴风雨来临之际，离开安全的港湾，驶向波涛汹涌的大海，去迎接未知的挑战，面临风险与困难的同时，也可能发现新的机遇。"

阅读材料

在第二次世界大战时，德军潜艇埋伏在大西洋海底，攻击盟军补给运输船队，致使盟军船只下沉，船员纷纷落水，由于海水冰冷，且远离陆地，所以造成大量的水手牺牲，但仍有极少数的人在经历了长时间的磨难后得以生还。当人们了解了这些生还者的情况后，发现了一个令人惊奇的事实：绝大多数生还者不是年轻体壮的小伙子，反而是那些相对年龄偏大的海员。经过一段时间的调查研究，专家们终于找到了这个问题的答案：这些人之所以能够活下来，关键在于他们有良好的心理素质，他们的意志特别坚强，有强烈的求生欲望，家庭生活幸福，有强烈的责任感，善于同他人合作，有丰富的生活经验，当然还有一点点运气。此外，他们不一样的品质还包括团队的协调和配合能力。

年长的水手有着丰富的生活阅历及处事经验，沉着冷静分析当时所处的环境，怀着坚定的生存信念，最终摆脱了死亡厄运。而年轻的水手们，当灾难来临的时候，精神的沮丧和不知所措会导致生理防线全面崩溃，造成体力的急剧下降，最终的结果是死亡（如图 1-2 所示）。

图 1-2　第二次世界大战

于是军方建立了一些水上训练学校，除了训练海军的体能外，主要通过一些情景模拟的科目对海军的生存能力、作战意志及团队合作能力进行训练。当时这所学校对战争的兵员保障起到非常积极的作用，在战争中挽救了无数士兵的生命。

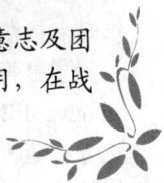

三、拓展训练的创始人——库尔特·哈恩

德国教育学家库尔特·哈恩（Kurt Hahn，1886—1974 年）（如图 1-3 所示）对于海员幸存者的研究做出许多贡献。他研究设计利用一些自然条件和人工设施，让那些年轻的海员做一些具有心理挑战的活动和项目，以训练和提高他们的心理素质。

1886 年，库尔特·哈恩出生于柏林一个有地位的犹太家族，他从小喜欢野营和探险，探险过程中磨炼了他的意志。19 岁那年，在烈日炎炎的一天，哈恩光着头去划船造成严重中暑，太

图 1-3　Outward Bound 的创始人
——库尔特·哈恩

阳灼伤了他的小脑，严重威胁到他四肢的正常功能，为了治理，哈恩在河岸的房间里待了一年。这段时间里，他孤独地住在英国牛津，为了让困在房中的日子过得更有意义，也为了磨炼自己的意志，他设计出套的体育活动室自己锻炼，原地跳高成为他练得最好的项目，据说还打破了当时的纪录。

在那段时间里，他研读了柏拉图、罗素、歌德、裴思泰等人的作品，并开始一些思考：18 世纪大学里的学生学医从解剖开始，学农从种植开始，学哲学从辩论开始，一切只是源于实践，经验来自自身体验，有了亲身体验就会获得长久的记忆，甚至终身不忘。

后来，哈恩构想着将来建一所学校，以"从做中学"的理念来实现他的愿望，他希望在这所学校里思想和行动的世界不再对立，这些思考对他后来的思想有重要影响。由于哈恩犹太人的身份和他的社会活动，德国统治者想对他实施谋杀，1933 年 2 月的大逮捕中，哈恩入狱，他在英国朋友的努力下，英国首相拉姆齐·麦唐纳做出官方抗议后，哈恩得到释放并于同年 7 月启程到了英国。

1943 年 4 月，哈恩建了一所戈登思陶恩男校，起初只有两个学生，但这没有动摇哈恩的决心。由于此后的不断努力，不久该校就成了一个非常有名望的学校。1943 年 9 月就有 21 名学生，此后学校的招生人数稳步增长。哈恩感到以往的学校教育课程在孩子们的全面发展中是不充分的，进而感到必须给及孩子们一个自由表现自己的场所。因此，他创立了"Moray badge 奖"，规定要具备以下 4 个条件的学生可以获得此殊荣：

（1）在某种运动中获得卓越的成绩；

（2）有到海上和陆地中进行探险活动的经历；

（3）经过努力掌握某种特殊的技能或热衷于某方面的调查和工作；

（4）乐于参加社会公益活动。

四、拓展训练的创建

1941 年，哈恩和戈登思陶恩的船业大亨劳伦斯·霍尔特在威尔士成立"阿德伯威海上学校"，训练年轻海员在海上的生存能力和船触礁后的生存技巧，收到了显著的成效，这就是全球第一所拓展训练学校（Outward Bound School）。"二战"结束后，一些研究者从这所学校的训练模式得到启发，他们认为：随着社会的进步，当人们进入工业化社会，很多社会人和管理者经常遭遇与落海水手同样的境遇。节奏飞快的工作效率和人际复杂的社会氛围，往往会造成很多社会人的思想保守、情绪焦躁、精神压抑，更为严重的是很多人承受不了压力会做出极端的行为，这些现象给企业和个人带来很大的损失。

> 冒险和挑战、差异和包容、社会和环境责任意识、品性形成、通过体验学习、同情和服务意识。
> ——Outward Bound 的核心价值

Outward Bound 学校除了训练年轻海员、工厂学徒、警察、消防员以及军校学生外，还包括从普通学校放假或者即将参军的男孩子。当时一个月的课程包括小船驾驶训练、达到合格标准的体能训练、用地图指北针跨越乡村的越野训练、救援训练、海上探险、穿越三座山脉的陆地探险以及对当地居民的服务活动，这就是拓展训练模式的开端。

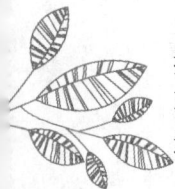

到这里来的年轻人一批又一批，始终不变的是，当他们被告知在近 30 天里要实现的目标时表现出质疑甚至觉得荒唐。但是他们很快被这些活动所吸引，并尝试完成各项艰难的活动，通过训练他们深深喜欢上这些最初让他们讨厌的活动。学校的一位老师这么说："他们抱着错误的目的来到这里，离开时却会因为正确教导的结束而留恋。"

从最初在阿伯德威海上学校的日子开始，Outward Bound 学校一直在发展，但始终没有脱离哈恩的基本理念，即在自然的环境中获得挑战的深刻体验，通过这种体验个体能够建立起对个人价值的认知，这个小组也会更清晰、清楚地意识到人类之间的相互依靠，以及所有人都要关心处于困境和危险中的人们。

> Outward Bound 的宗旨：
> 服务、奋斗、永不放弃
> Outward Bound 的核心价值：
> 1. 挑战与冒险
> 2. 热诚与服务
> 3. 培养社会责任和环境责任
> 4. 发展个人特质
> 5. 通过体验学习

阅读材料

霍尔特认为"由于错误的培训，在鱼雷击中的商船上许多海员不必要地失去了生命。和饱经风霜的老水手不同，较年轻的海员没有经历过风雨，没有学会依靠自己的智慧摆脱困境的能力，并且缺乏和同伴无私合作的信念。"霍尔特说："我宁愿在大西洋中把救生艇给一位八九十岁的老水手，也不愿把它给一位完全以现代方式培训出来的、没有经历过海上风雨的年轻航海技术员。"霍尔特坚持"阿德伯威海上学校的训练必须要在海上经历风雨，而不是在海上观光，这样才能造福各界人士。"

第二节 拓展训练的发展

一、国外拓展训练的发展状况

1946 年 Outward Bound 信托基金会（Outward Bound Trust）在英国成立，目的是推广 Outward Bound 的理念并筹集资金创办新的 Outward Bound 学校。Outward Bound 信托基金会拥有 Outward Bound 的商标，掌握着该商标使用许可证的发放。1962 年曾在戈登思陶恩任教的美国人乔治·曼纳（Josh L.Miner）在美国成立科罗多拉 Outward Bound 学校，并在 1963 年正式从 Outward Bound 信托基金会获得了许可证书。1964 年 1 月 9 日，组成 Outward Bound 法人组织（Outward Bound inc.）的文件在美国起草，法人组织最初的创立者是小威廉·考芬、约翰·开普、艾伦·麦克洛伊、乔什·曼纳和小约翰·斯蒂文斯 5 个人。随后的数年间，Outward Bound 学校在世界各地不断成立，实践着 Outward Bound 理念。Outward Bound 组织也逐渐发展成为 Outward Bound 国际组织（Outward Bound International Inc，OBI），目前其办公地点设在美国犹他州的德伯雷市。

国际组织下属的学校 Outward Bound School（简称 OBS）已经遍布全球 5 大州，共有 40 多所分校，这些分校秉承了哈恩的教育理念，受训人员包括学生、家长、教师、企业员工和各级管理人员。

Outward Bound 在得到认可之后，慢慢地被教育系统人士关注，他们派了很多教师和学生参加体验活动，此后主流教育学校和 OBS 进行了各领域的合作，有段时间 OBS 在普通学校中也设立了一些分支机构，被称为"学校中的学校"。Outward Bound 在许多教学研究人员的关注和研究下，理论更加丰富，课程体系日趋完善，并且将它的学习规律回归到体验式学习，在其他学科和不同领域内大胆结合使用，取得良好效果。

阅读材料

在对 Outward Bound 的研究与运用中，以此为基础产生了诸多衍生课程，其中影响较大的有主题式冒险（Project Adventure，PA）、野外拓展训练（Expeditionary Learning，EL）和以问题为本的学习（Problem Based Learning，PBL）等，这些课程在得到认可的同时，得到一些国家教育机构的帮助，在实践推广过程中，相关的理论研究水平也同步得到发展。尤为重要的是，Outward Bound 促成了户外体验式教育这一领域的兴起，也是中国的体验式教育和拓展训练兴起的根源。

在亚洲地区，新加坡最早建立了 Outward Bound 学校，此后日本引进了这种体验式教育的课程模式。由于它适应了社会对完善人格、提高素质和回归自然的需要，因此越来越多的人参与其中，感受拓展训练带来的令人震撼的学习效果。在日本，拓展训练成为"集体心理疗法"，主要用于个人心理调适、潜能激发和团队精神的培养。

二、国内拓展训练的发展状况

1970 年，中国香港成立了香港外展训练学校，是中国第一个加入 Outward Bound 国际组织的专业培训机构。1999 年，Outward Bound 国际组织在广东肇庆建立了拓展训练基地，成为该训练组织下属的国内第一个培训基地。

1995 年，以"拓展训练"命名的体验教育模式整合改造后进入中国，当时的"北京拓展训练学校"是最早开始在国内开展 Outward Bound 课程的培训机构。时至今日，拓展训练在我国已走过了 10 余年，当初的北京拓展训练学校已发展为拥有 14 家分支机构和 21 个拓展培训基地的人众人教育集团。

拓展训练在培训领域引起了前所未有的震撼，短短的几年间，拓展训练培训机构遍布全国，呈几何数字增长，在国内，比较正规且形成规模（即每年培训人数超过千人以上）的拓展训练培训机构已有 300 多家，而参与其中组织拓训或"类拓展训练"的各机构，培训学校、户外运动俱乐部和管理咨询公司等已超过千余家。

随着国内拓展训练的普及，参训单位也由最初的外企、MBA 学员发展到国企、事业单位，参训学员从高层领导直至普通员工，以及新员工融入培训。从 1995 年拓展训练在我国开始至今，列入世界 500 强的跨国公司，如通用电器、IBM、惠普、柯达、摩托罗拉、爱立信、诺基亚等都开始参加这种培训活动，国内知名企业如联想集团、清华紫光、北大方正、海尔等企业也都把这种培训课程作为员工教育培训的必修课。

三、拓展训练走进学校

自拓展训练进入国内以来，在一些大城市一些教育工作者在学校曾经尝试成立"课外活动小组"，目的是丰富学生野外生存知识，拓展学生野外生存知识和提高合作能力，但是这些活动形式简单，学生感悟比较单一，与拓展训练的本质要求有一定距离。

1999 年，北京大学、清华大学率先将拓展训练引入到 EMBA 的课程体系中，随后中欧国际工商学院、中山大学岭南学院、浙江大学、中国工商管理学院、暨南大学等学校的 MBA/EMBA 教育中也纷纷把拓展训练作为指定课程内容。这种训练模式对于他们打破坚冰，迅速熟悉并获得相互信任提供了很大帮助，对于其他课程的导入和学生长期工作后使用再回到学校学习有很大帮助。

拓展训练是对学习模式的探索和发展，是在传统基础上的一种学习模式的突破，不是完全脱离学习模式的纯粹体验。进入 21 世纪以来，随着我国教育改革和新课程的不断引入，各类学校都通过各种活动方式尝试开展过拓展训练。各类学校陆续将拓展项目引进课堂，尤其是将户外活动类课程和一些趣味项目与竞技性较强的游戏项目引入教学中，按照拓展训练所采用的体验式学习方式进行活动，从团队的角度教育学生，为学生提供了很好的学习机会。

阅读材料

原来我还可以做得更好！

一位 60 岁的老先生是国内著名企业的副总，参加拓展训练，大家都称呼他刘总。拓展训练中前面所有的项目他一马当先完成得很出色，到"高空抓杠"项目了，还没开始项目布置，他就说"我年纪大了，膝关节也有伤，这个项目我就不上了，让年轻人上吧。"教练看看他，笑笑没说话。

刘总在整个过程中都积极地关注着每个学员的安全，对其他学员进行鼓励加油。项目进行很顺利，除了刘总外团队其他成员都挑战成功。

"好像还有一个学员没有上？"

"刘总！"大家齐声喊道。

"不行，不行，我膝盖有伤，体重也重。"刘总摇着头说。

"大家说同意不同意？"教练问。

"不同意！"

……

在大家的坚持下，刘总最后硬着头皮说"好，我来！"

他颤抖着爬上了圆盘，站了起来。

"可以跳了！"

"等等！"

他站在圆盘上，目光注视着前方的横杆，岿然不动。

……

"加油，加油，你是最棒的！"大家在给他加油，时间已过去了近 20 分钟。起风了，也下起了雨，刘总还是稳稳地站着。

一个小时了，大家已经开始疲惫，加油声已经断断续续了。

"刘总，赶紧跳吧，我们饿死了，到吃饭的时候了。"刘总咬了咬嘴唇，终于跳了出去，成功地抓住了横杆。

大家开始欢呼，安全着地后，刘总反而很平静。脱下安全带，刘总向前走了几步，突然转身快步走回圆柱前，抱着圆柱痛哭流涕，大家都愣住了。

分享成功的喜悦时，刘总说："我现在还不想说什么，心情很复杂，明天我会与大家分享我的感受。"

第二天，在另外一个高空项目分享时，刘总说道："我昨天感觉内心震动很大，我之所以在上面站了很久是因为我想起了以前的很多事情。我现在是我们公司的副总，对于大多数人来说，位置、钱、荣誉都有了，可能很多人一辈子努力也达不到这样的位置。但是我在想，我其实曾经面对着更多的成功机会，知识因为过于保守、安于现状，机会都擦肩而过，如果早一点像横杠一样抓住它，我获得的成功将远远大于今天。

......

一个月后，这家企业的第二批学院来培训，教练问他们刘总最近如何。

"他已经跳槽到一家外资企业去了。"

后来又了解到，刘总在原来的企业工作了20多年，是公司的元老级职工......

这是个人的提升？还是企业的损失？一个60岁的老人还该不该这样做？

技能培养

这是一道计算题，ABCDE×4=EDCBA，其中每一个字母各代表一个自然数，请你在20分钟内计算出 A、B、C、D、E 各是哪个数字。

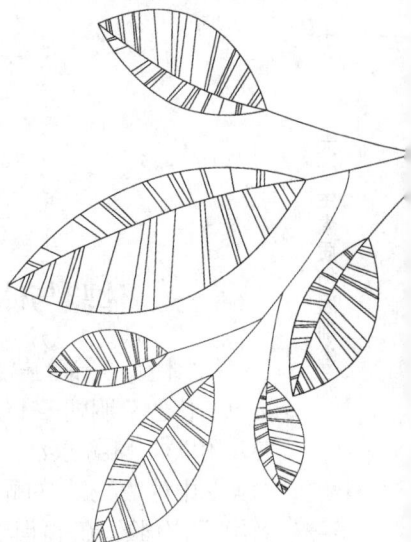

第二章

拓展训练的理论基础

Chapter 2 ─────────────

　　本章详细介绍体验式学习的理论、发展与特点，重点分析团队与团队学习作为拓展训练学习理论基础的运用方式，并以拓展训练为基础对开展冒险与避险求生学习进行探讨，以此确立体验式学习、团队学习和冒险求生学习作为拓展训练理论基础的依据。同时回顾了拓展训练涉及的相关学科和理论体系，阐述了心理学、教育学、社会学、管理学、组织行为学和领导学等相关学科理论与拓展训练的关系。

第一节　体验式学习

一、体验与体验式学习

"体验"一词的语意在汉语中出自《淮南子·汜论》："古圣人以身体之。"明朝王守仁《传习录》中也提到："皆是就文义上解释，牵附以求，混融凑泊，而不曾就自己实工夫上体验。"《现代汉语词典》中对"体验"的解释是"通过实践来认识周围的事物；亲身经历。""体验"在牛津词典上定义为："对某种状况或条件的影响的有意识接受。"现代语言对"体验"的最直接表达可译作"经验、由经验获得的知识或技术"，还可以译作"经历、阅历"等。

> 在不闻不若闻之，闻之不若见之，见之不若知之，知之不若行之。
> ——荀子

体验是一个宽泛的概念，在不同领域有自己特有的含义，在哲学、心理学、教育学、体育学和经济学中都有各自的观点，不同学者有不同的认知（如表 2-1 所示）。

表 2-1　　　　　　　　　　不同学科中的体验认知

学科领域	主要观点	代表人物	其他
哲　学	体验是生命存在的一种方式，是对存在展开的领会，是直接"经历的收狄"	狄尔泰、海德格尔、伽德默等	生命哲学家的认知为主
心理学	一种由诸多因素共同参与的心理活动，主要有主体的内在体验、本真体验和高峰体验	马斯洛、皮亚杰等	存在主义、构建主义
教育学	知情意不可分割，对体验的改造	杜威、马杰斯等	实用主义、人本主义
经济学	体验经济为消费者提供一个体验的舞台	派恩等	现代企业为消费者提供的是一种体验

在体验中学习，对每个人来说都是一种最基本与自然的学习方式。作为体验式学习，它的巨大力量在于：它提供了一个基础哲学理论，穿针引线般将其他学习理论串联起来，形成统一整体。从学习的角度认识"体验"，是对"体验"的一种升华，而"体验"

> 吾听吾忘，吾见吾记，吾做吾悟。
> ——孔子

时时刻刻都在我们身边发生，那么，体验式学习方式也就成为我们学习中必然经历的一种。

体验式学习是一种摆脱传统教学观念的双向学习方式，即"在体验中学习"。我们每个人都会有两种截然不同的学习体验：第一种，我们经常会做考试结束之后将所复习的内容慢慢忘记，如果不再复习或许再次考试的成绩将产生天壤之别；第二种，当我们学会游泳、驾驶之后，即使很长时间不接触，仍然不会忘记。显然后一种学习方式是我们所讲的体验式学习，它拥有完整的循环式学习流程，通过第一种方式学习到的经验和技能，由于缺少体验和联系实际等环节，所以效果是不稳定的，而且是容易忘记的。所以体验式学习就是在一种情景模拟的环境中经过反复体验与总结，并且联系实际，最终由学习者自己找出存在的问题以及实用的工作方法，这样的学习效果是传统讲课式教学所达不到的。

现代体验式学习的观点认为：不能将体验式学习简单看做是体验在学习过程中的代名词，体验式学习注重在体验过程中和体验之后的反思，否则体验式学习就会是流于形式的"简单过程"，浪费了许多能够获得知识的"最佳机会"。许多时候这种体验过程无法重复，每一次体验都会有不同的"经历与感受"，尤其是一些陌生的、新奇的"初体验"，对于学习者的价值更大。

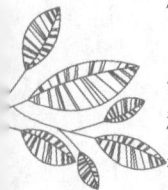

阅读材料

美国柯达（中国）公司一位经理致参加拓展训练同事的一封信

你本不是天生的王子或公主，但你却一下子就习惯，并喜欢坐在明亮、恒温的办公室；出差时享受着星级酒店的豪华与舒适。你志得意满，无所畏惧，却未曾想在自己设置的障碍前裹足不前。如果你没有拖鞋就不会在晚上走路，如果你没有只属于自己的干净脸盆就不会洗脸，如果你和三人以上同居一室就不能睡觉，如果你没有空调就不知道该穿几件衣服，对不起，那你真的需要拓展一下自己了，因为你作茧自缚却浑然不知。人生路上有些东西是必备的，但你却搞不清楚应该是什么。你要去的是一所学校，是一个军营，但肯定不是你已经熟悉的酒店。

二、体验式学习的特点

1. 体验式学习需要让学生真正成为教学的主体

解决学生成为主体的问题首先要淡化教师的角色，因为在体验式学习中，没有人能够真正地教别人什么，在不同时间与不同地点所发生的一切给了体验者各自感悟的机会，学来的"东西"也是各有差别，体验式学习中活动本身才是最好的老师。教师在教学的过程中，扮演的是"助产士"的角色，教师的引导，促使学生反思内省及批判，学会新的知识以及概念并内化。

学生在活动中从接受任务起开始挑战直到完成挑战，所有的困难都需要通过现有的资源来解决，这些资源包括可用的场地、器材和道具，也包括学生的身体、智慧和团队协作能力，这些资源的运用能充分发挥学生的主观能动性，除了安全监控之外，这一过程几乎不受教师的任何干扰，从而真实地体现了学生成为教学的主体这一特点。

2. 体验式学习的过程是一个完整的系统过程

体验式学习的过程从活动的开始就有特殊的计划性和针对性，不能仅仅着眼于"项目体验"这一环节，从而确保团队发展特定时期项目难度对团队行为的调节，也确保了学生个体始终对活动充满惊奇、迷惑、向往和竞争的心理，于是便将个体发展与团队发展很好地结合在一起。卡夫和萨科夫认为体验式学习包括以下几个要素。

（1）学生在学习过程中是参与者而非旁观者。

（2）学习活动中个人动机需要给予激发，以表现主动学习、参与和责任感。

（3）学习活动的结果顺其自然，教师不对结果过多干预，更加真实有意义。

（4）学生的反思内省是学习过程的关键因素。

（5）情绪变化关系着学生与所在团队的现状和未来发展。

体验式学习的过程大多包括"参与、反思、运用"等环节，这些环节互相依存，形成一个完整的系统。此外，协调团队与个人的关系、团队成长与活动项目的配置、教学技巧与学习效果互动等也都是完整系统中的要素。

3. 体验式学习与传统学习在多个元素上有一定差别

体验式学习与传统学习相比，既有优点也有缺点，在我国作为长期接收灌输式教育的学生，适当接受体验式教学，可以达到一个很好地互补和补充，这对于学生的成长是有帮助的，在一些特定的学习元素中，体验式学习的优缺点通过对比可以呈现出来（如表2-2所示）。

表2-2　　　　　　　　　　　　体验式学习和传统学习对比

基本元素	体验式学习		传统学习	
	优点	缺点	优点	缺点
学习重点	自己的亲身体验，针对性强，理解深刻	缺乏整体性，个体性强不利于体系整合	前人总结的经验、知识和技能，较系统	重点多，学习量较大
学习形成	团队与个人共同学习	人数不能太多，开展规模受限	个人自主学习	略显生涩、单一
学生角色	活动的参与者，易于感悟真谛	随机性大，不利于掌握规律	角色相近，易于教学进程开展	知识的接收者，缺乏主动性
学习方式	主动探索，师生共同主导	教学尺度难以规范	利于统一安排	教师主导，学生被动接纳
学习主体	以学生为主的师生双主体，利与沟通	局限性大，沟通范围受限	由教师主导的学生主体	不利于师生交流
学习特点	个性化、现实化	灵活，但知识量较小	标准化、理论化	教条，结合实践的能力差
学习环境	未知新奇、灵活多变，不重身份	投入大，利用率低，危险系数增加	限制性。固定化，强调身份	缺乏新鲜感，容易产生厌倦
学习过程	探索式	多向沟通，六大感官刺激。容易混乱	接纳式	单向沟通，刺激单一
学习效果	素质能力全面提升、学以致用	周期长，知识总量不足	知识面宽，知识量大	高分低能，学用脱节

　　由于体验式学习受条件设施和开展规模、学习效果与学习时间、个体差异与发展思路的影响，它只能是传统教育的一种有益和必要的补充。体验式学习只有在传统教育所学知识的基础之上，才能够帮助我们在活动后得到更深刻的反思，才能够更快捷、更准确地找到相关知识和实践的结合点，才能够将体验之后的价值和生活紧密相连。

第二节　团队与团队学习

一、团队概述

　　"团队"一词来源于英文 Team 这个单词，Team 在英文里的最初含义是家庭及其子孙后代。人们还用 Team 这个词来表示套在一起耕地的牛，由此引申出 Team 的另一个含义——协同工作的团队，即大家相互配合取得更好的成绩。

阅读材料

团队有几个重要的构成要素——5P要素

1. Purpose——目标

团队应该有一个既定的目标，为团队成员导航，没有目标，这个团队就没有存

在的价值。

2. People ——人

人是构成团队核心的力量，3 个或 3 个以上的人才可以构成团队。目标是通过人员具体实现的，人员的选择是团队中非常重要的一个部分，不同的人通过分工来共同完成团队的目标。

3. Place ——团队的定位

需要明确团队的定位与个体的定位。团队在组织中处于什么位置？由谁选择和决定团队的成员？团队最终应对谁负责？团队采取什么方式激励团队成员？个体在团队中扮演什么角色？是制订计划还是具体实施或评估？

4. Power ——权限

团队在组织中的权限和组织大小与组织授权有关。团队当中领导人的权力大小跟团队的发展阶段相关，团队越成熟，领导者所拥有的权力相应越小，在团队发展的初期领导权相对比较集中。

5. Plan——计划

目标最终的实现，需要一系列具体的行动方案，可以把计划理解成目标的具体工作程序。只有在计划的操作下团队才会贴近目标，从而最终实现目标。

团队是指为了实现某一目标而由相互协作的个体所组成的正式群体，是由队员和管理层组成的一个共同体，它合理利用每一个队员的知识和技能协同工作，解决问题，达到共同的目标。理解团队的概念首要了解团队和群体的差异，群体是两个以上相互作用又相互依赖的个体，为了

> 两个人在沟通时，其实是 4 个人在交流：真正的你，真正的他，你以为的他，他以为的你。
>
> ——钱永健

实现某些特定目标结合在一起。群体成员共享信息，做出决策，帮助每个成员更好地担负起自己的责任。群体可以向团队过渡，但团队和群体经常被混为一谈，事实上它们之间有很大的区别（如表 2-3 所示）。

表 2-3　　　　　　　　　　团队和群体的区别

类　别	团　　队	群　体
领　导	领导勇于授权，团队成员共享决策权	应有明确的领导人
目　标	既和组织保持一致，也可以产生自己的目标	目标必须和组织保持一致
协　作	积极，齐心协力，和群体有根本性差别	中等程度，有时成员还有些消极，有些对立
责　任	领导者负责和团队成员负责相结合，甚至要一起相互作用，共同负责	领导者要负很大责任，基本属于个人负责制
技　能	团队成员的技能是互补的，把不同知识、技能和经验的人有机结合在一起，形成角色互补	成员技能随机性强，有可能相同也有可能不同
结　果	1+1≥2，结果或成绩是由大家共同合作完成的产品	1+1=2，绩效是每个个体的绩效相加之和

团队应表现出一些基本特征，这些特征在拓展的团队培养中会有渐进性的表现，有时会比

较明显，有时会比较模糊，这和团队本身有关，也与拓展项目对团队表现的要求有关联性。一个典型的团队具有以下几项基本特征。

（1）目标明确。

（2）沟通便捷。

（3）具有共同的价值和协调一致、相辅形成的思维模式与工作方法。

（4）成员在个性、技能、背景、年龄、性别等方面的合理搭配。

（5）规模适度。

小贴士

组织行为学研究表明，团队大小与团队的工作及准备有着密切的关系：3～5人的小规模团队较易得到一致的意见；5～11人组成的中等规模的团队最为有效，能得到较正确的决策意见；团队成员的极限为25人，超过50人的团队将无法真正按照团队的机制运转。

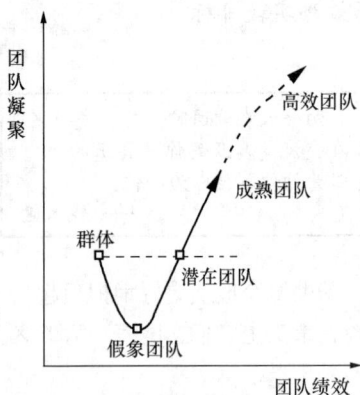

图 2-1　团队行为曲线

为完成任务和提高绩效，群体可以在经过学习和锻炼后向团队过渡。拓展课上的学生分组后，最初随机结合在一起进行团队建设，但是仍然不能被称之为团队，事实上仍然是一个小群体，这个群体如果不经过特殊的学习和锻炼很难成为有挑战能力的团队。群体发展到团队需要一个过程，成为高绩效的团队更需要一定时间磨炼，这也是学生们在最初看似团结，但遇到简单的团队活动后仍然难以高绩效完成任务，甚至会越来越不如初建阶段，是因为大家从陌生时部分人员的"顺从"变得"积极主动"，从而表现出冲突越来越多、决策越来越不容易产生，活动争议越来越大并且项目失败的可能性也随之增加。在不断的"打击与挫折"中团队成员慢慢学会了团队沟通与协作，慢慢形成团队意识和团队行为，或多或少能够感到团队绩效的提升和团队文化的形成。从拓展项目完成的绩效影响和团队凝聚能力的角度来看，拓展课上的群体向团队发展符合以下几个阶段的特点（如图2-1所示）。

第一阶段，由群体发展到所谓的"伪团队"，也就是我们所说的假象团队。这个阶段从破冰课后的团队建设开始，在各队组建后看似形成了一个士气高涨、目标一致、进取心强的团队，但这是一个假象，此时团队面对困难和完成任务的能力很低，团队在冲突面前的解决能力很差。

第二阶段，由假象团队发展到潜在的团队，这时已经具备了团队的雏形。通过一到两个项目的训练，尤其是通过个人挑战与团队结合的项目或以个人挑战为主的项目挑战后，团队成员对团队的价值有一定的认可，对团队的要素有了一定的理解，假象团队开始向下一阶段推进。

第三阶段，由潜在的团队发展成为一个真正的团队，它具备了团队的一些基本特征。通过

一段时间的学习，通过2～3次的团队振荡，团队在接受任务时有了一定的行动准则，团队成员的相互融合与互补加强，成功完成任务的概率加大。

即使通过一段时间的训练，由于时间限制，项目类别多样，项目的模拟性造成任务的艰巨性较低，学生结构存在差异性，团队面对真正困难的能力还有待加强，此时的团队距离高绩效的团队还有较大的距离。但作为一种学习，学习能够通过拓展训练感受团队的价值，能够自觉形成团队意识，养成良好的团队行为，为未来适应在团队中工作和生活获得了经验储备。

二、团队学习的概念

团队学习是为发展团队成员整体搭配与实现共同目标的能力，由团队成员一起了解彼此的感想和想法，凭着完善的协调一体的感觉能发挥综合效率的新方式，来提升团队思考和行动的能力。

在学校拓展活动中，团队学习就是在团队合作的基础上，为达到一致的目标完成项目任务，而持续进行的全方位课程学习。团队是所有组成者的团队，团队需要相互协作完成共同的使命，因此，团队成员需要进行合作，这意味着要"发挥整体作用"建立合作关系，需要在团队成员彼此了解对方想法的基础上，通过一种完善的协调机制和团队精神，提高新的协作方式进行思考和行动的能力，这个能力可以通过学习来获得和提高（如图2-2所示）。

图 2-2　团队学习中相互鼓励和支持尤为重要

将团队学习引入课堂的目的是为了培养团队意识和团队行动，在两者基础上形成一种叫"团队精神"的无形素质，这对于当代学生进入社会，适应工作环境和融入企业文化有着重要帮助。学生在团队学习的过程中，能够培养一种习惯和意识：有些问题需要我们在团队中完成，有些问题的解决需要所有成员的共同完成；个人的成就能够提升团队成就，团队的成功也能帮助个人获得更大的成功；团队需要有领导来协调成员之间的分工，团队需要不同角色的成员，这有利于培养成员的自我认识和自我管理意识；团队是不断寻求发展的，没有完美的个人，但可以创造完美的团队。

团队的优势在于，一旦制定了统一的标准，每个成员都能够理解，并依此执行，有利于完成一些复杂、松散和艰巨的任务。拓展训练中的团队学习是一种学习方法，在学生面对人性的弱点时，用积极的方法克服它，使团队的决策和管理层在不断的学习中达到卓越。

大学生素质拓展训练

阅读材料

　　自然界中有一种昆虫很喜欢吃三叶草（也叫鸡公叶），这种昆虫在吃食物的时候都是成群结队的，第一个趴在第二个的身上，第二个趴在第三个的身上，由一只昆虫带队去寻找食物，这些昆虫连接起来就像一节一节的火车车厢。管理学家做了一个实验，把这些像火车车厢一样的昆虫连在一起，组成一个圆圈，然后在圆圈中放了它们喜欢吃的三叶草。结果它们爬得精疲力竭也吃不到这些草。这个例子说明在团队中失去目标后，团队成员就不知道上何处去，最后的结果可能是饿死，这个团队存在的价值可能就要打折扣。

三、团队学习的意义

　　拓展课给学生搭建一个认识团队的平台，在这个平台上大家可以了解团队的概念，理解团队与个人的关系，通过团队学习感受团队文化给我们带来的价值，如：团队激励对个人自信心的帮助，团队对个人的支持对完成任务的帮助。理解"没有完美的个人，可以有我们的团队"的内涵，团队可以通过协作的互补性做到最好。

> 学到的是知识，用到的才是智慧。

　　拓展课的学生团队组建后，在不断的发展与完善中，原本陌生的学生们对不同任务时，个体学生很难快速进入团队所要求的成员角色，需要一段时间的沟通和融合，逐渐感受团队成长带给自己的体验。建立团队成员之间的开放心态和相互信任，是拓展训练希望学生通过团队学习感受团队价值的重要基础，只有感受到团队的价值才会在未来有意寻找或打造一个适合自己的团队，才会努力通过团队成长促进个人的成功。

阅读材料

　　当团队进入动荡期，接受不同类型的团队挑战活动时，往往活动过程比较混乱，沟通会明显受阻，活动的结果往往不尽如人意，通过观察会发现有两种团队表现，一种是"武断结论型"，一种是"难做决策型"（如表2-4所示）。

表2-4　　　　　　　　　　不同类型的拓展课团队的动荡期的表现

类　型	武断结论型		难做决策型	
	实施前	实施后	实施前	实施后
决策者	权威个体过早提出方案，一般是队长	运气太差	两个或多个方案，且提出者都具权威	推诿，不认错
附议者	一部分怀疑自己，一部分做老好人	方案大家一起决定	左右为难或"墙头草"	"和稀泥"
反对者	只能声音微弱	我早就知道这个方案是行不通的	互不相让	责怪对方

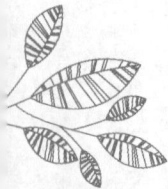

续表

类　型	武断结论型		难做决策型	
	实施前	实施后	实施前	实施后
气　氛	表面和谐	假象和谐，不良行为仍然固执地存在	争执不下越来越僵	不欢而散
结　果	鲁莽行动	失败后找理由	达不成结论	失败后互相怪罪

　　这两种类型的团队在活动结束后，总结分享时即使表现上有些感悟，往往内心中仍然认为没有什么可以学习、改进之处，有时候甚至会成为我们常说的"臭皮匠团队"，不良的团队行为和习惯仍然固执地存在于团队之中。这样的团队虽然有优秀的成员，但是没有优秀的团队管理方式。在不断失败的"冲突"面前，学生会有不同的表现，例如，有一次拓展课上，曾经出现过队长习惯性"武断决策"，并且总是选择错误的决策结果要求队员执行，后经协调和教师辅导队长继续留任并实施授权，课程结束后团队管理方式有明显进步，队长的领导风格略有好转。

　　拓展课上的团队学习是为了团队获得稳定的成长，同时每一个个体都能够与团队一起成长。拓展课上的团队学习能够帮助学生了解团队成长中的要素，深刻感知个体和团体之间的关系，充分理解团队中的每一个细节对团队的影响，最终了解团队学习努力方向。合理的利用团队成长要素，能够帮助我们更好、更快地组建团队、融入团队和凝聚团队，从而获得团队工作和团队生活的理论经验，为获得适应不同风格的团队和实现自己与团队的共同成长积累经验。拓展团队稳定成长的因素如图 2-3 所示。

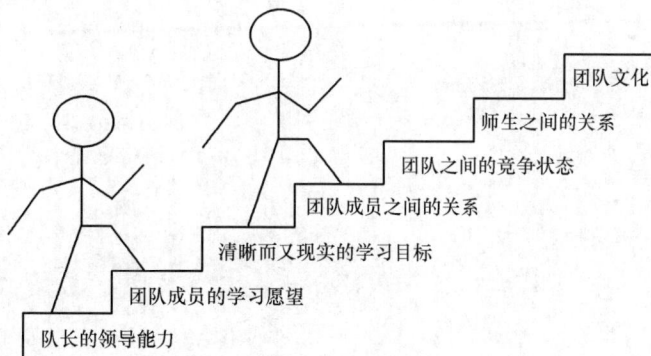

图 2-3　拓展团队稳定成长的要素

　　拓展活动的小组领导即队长的领导能力和领导风格，对于团队的发展起着至关重要的作用，这也是破冰课在选择队长时，教师对队长人选刻意提出多方面要求的原因所在。团队的学习愿望是拓展课中比较积极的要素，学生一般来说自始至终会对每一节课充满热情并为之努力。清晰而又现实的学习目标是由团队成员在学习中制定的，并通过不断努力来实现。团队成员间的关系对于感受团队的价值，推动团队的发展是最明显的表现因素。团队间的竞争状态在一定的程度上可以推动团队的稳定成长，但是只有竞争而没有合作不是拓展课程的理念，不计后果的恶性竞争在拓展训练中必须及时制止。师生之间的关系极其微妙，对学生团队的一味"包容"是溺爱，但是过于严厉的"制裁"也会伤害团队。团队的最高层次元素是团队文化对于团队成长的帮助，能够感受到团队文化对于团队的影响是学生认可团队学习和向往团队生活的最终目标。

阅读材料

　　在高校拓展课程中，选取队长是至关重要的事情，尤其在以班级为单位课程模式中，队长的选取往往会无意识地偏向班干部一类的人选，这样会在这种开放式的课程中，与拓展课程破冰环节中"忘记年龄、忘记性别、忘记身份"以及"空杯心态"相矛盾，不论教师或学生，都会有意无意地"惦记"班干部的身份。一般而言，教师在课前需要提前了解班级大概情况，通过引导选取能够负责、对团队发展充满信心、有激情并能够带领大家一起完成项目的学生作为队长的人选。

技能培养

　　乘法口诀的手指体验，让手掌心向外，10根手指分开向上，分别从右手的小指开始每次弯曲一个手指，依次是右手的无名指、中指、食指、拇指，然后是左手的拇指，如此下去，将弯曲手指的右侧定为"十位数"，弯曲手指的左侧是"个位数"，得出的结果正好是乘法口诀数字"9"的倍数。

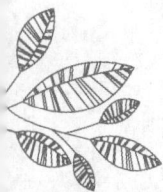

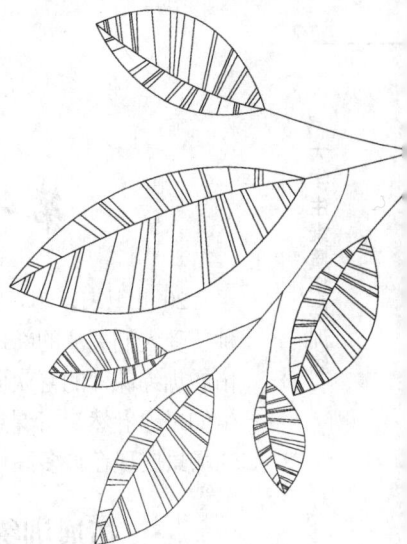

第三章

拓展训练的课程模式

Chapter 3

　　本章介绍了拓展训练的分类与模式、项目内容以及拓展训练课程中的师生关系，重点描述了拓展训练教学流程中的课程设计、场景布置、破冰课程、项目挑战、分享回顾、提升心智和改变行为共 7 环节，并分析参加拓展训练团队在不同时期的不同特点，为拓展训练课程开展提供了参考。

第一节　拓展训练的分类与模式

20 世纪末，随着我国企业培训的成长与需求，拓展训练在我国茁壮成长起来。几年后，这种备受人们关注的新奇体验式学习进入了校园，并很快得到了学生们的认可和追捧。学生对于拓展训练课程的喜欢促进了学校拓展的快速发展，校园一隅的拓展课堂掌声雷动喊声四起，学生们兴趣盎然，将课堂演绎成一个体验学习的乐园。课外学生组织在一起开展拓展活动，同样的场景展现在许多高校校园，越来越多的人参与其中，感受拓展的魅力。

一、拓展训练的分类

按照时间的长短主要分为：长课程和短课程。

按照项目本身特点可分为：高山课程、水上课程、原野课程、极地课程、场地课程等。

按照项目的学习目的可以分为：沟通课程、激励课程、团队课程、创新课程、解压课程等。

按照参训学员的特点可分为：新员工融入课程、儒商课程、销售人员课程、公务员课程、家庭亲子课程等。

按照组织方的性质可分为：培训课程与学校课程等。

下面对其中几种比较常见的课程进行简单介绍。

二、长课程

长课程一般为 1 个月，最长的有 3 个月。其中包括体能训练、安全教育、攀岩、识图定向、沿绳下降、远足、马拉松、泛舟、扎营、救护、野外生存，以及社区服务与环保行动等活动。这种课程在国外开展得较好，资金主要来源于赞助基金，学员自筹，课程主要针对青少年学员。

这是一项艰苦的体验，许多人会在中途希望放弃，因此在活动开始前与家长的沟通极为重要，组织方一般会希望家长发现孩子逃课回家后尽快送回，或者在课程期间电话求助家人时，家长给他们更多的鼓励与支持，必要时必须"下狠心"让孩子坚持下来。许多青年少在坚持下来之后，家长会发现他们的的确确有了惊人的变化，尤其是那些曾经有不良习惯的孩子。长课程以磨炼意志、改变态度、重新认识自我、激发潜能与学会与人相处为主。

三、短课程

短课程一般为 5～16 天，有时也会有两天左右。活动往往选择长课程的一两个项目进行，或者以参加拓展基地的各种活动项目为主，短课程能够让学员保持更大的激情，这种课程在用于企业团队文化渗透时会有很好的效果。如果能够将野外活动与拓展基地的活动相结合，往往能够取得更好的效果，而且也便于操作，具备这种能力的组织机构也较多。在我国现在最流行的拓展训练以两天的课程为主，这种课程主要是在拓展训练学校的郊野基地开展，活动的项目主要是以场地户外项目为主，同时大量融入一些室内培训的经典项目，通过各种体验，以个人挑战激发潜能与共同挑战熔炼团队为主。有时候参加这类活动时往往需要和当地居民接触，爱惜他们的劳动成果，尊重他们的生活习惯，也是活动中要学习和体验的一部分。

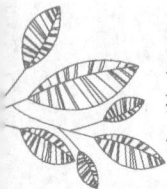

四、野外课程

野外课程是借助于郊野这个天然环境和众多的工具、装备，通过团队成员的协作或是个人的极限挑战完成的课程。一般野外项目会选在秀丽的群山、瀑布、悬崖等地势险要的位置举行，大部分项目发源年代早，拥有较长的历史。其风险值高，需要专业装备的辅助才能得以完成，参训人员更需要过硬的技术、组织和沟通的能力。常见的野外项目有：定向越野、攀岩、蹦极、徒步穿越和 HASH 运动等。

五、学校拓展训练课程

在我国学校拓展课程的开设，使拓展训练得以更加蓬勃地发展，学校的开设主要以场地训练项目为主，部分有条件的学校可能会搭建高空项目的训练架，有些学校虽然开设了拓展训练课，但还未来得及建设更多的训练设施，只是做一些地面项目，结合校园定向、校园寻宝等活动，或者将一些体育项目融入拓展训练的理念，同样能取得良好的效果。学校拓展训练课程结合大学校园的实际情况，对提高大学生挑战自我、熔炼团队具有极其重要的作用。它通过体验、反思、总结和应用 4 个环节，培养学生积极的自我挑战能力和良好的团队协作的能力，具体可以在以下几方面给学生带来提高：动手能力，身心控制能力，受挫力，沟通能力，自我再认识、自我激励和自我超越的能力，领导力，承担责任、诚信、团队合作等。其课程任务为：提高大学生在"五维体育观"要求下的健康理念，尤其注重心理与社会适应能力的锻炼；提高大学生全面认识"体验式学习"，理解"大体育、大文化"的教育理念；提高大学生对素质教育的认识，掌握运用知识全面提高自身素质的能力，具体教学目标如图 3-1 所示。

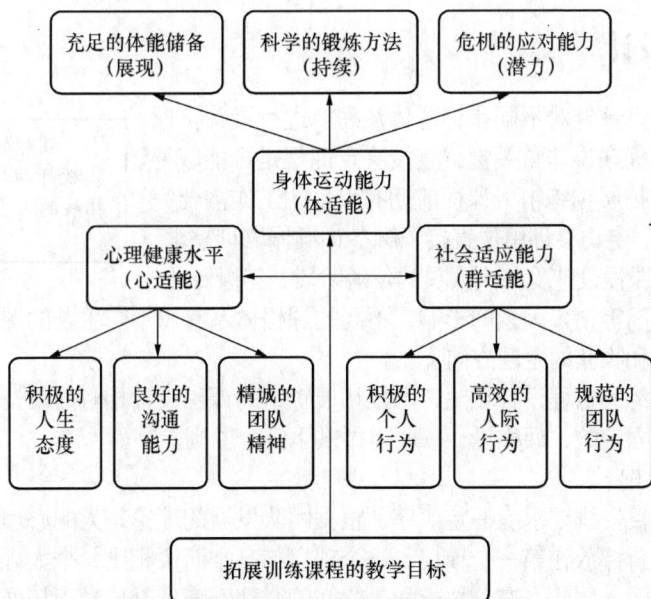

图 3-1　拓展训练课程教学目标参考

小知识

拓展在湖北高校发展历程

2003 年武汉大学 EMBA 总裁班将拓展培训引入课程。

2004 年中国地质大学（武汉）将拓展训练引入课程。

2005 年行为心理训练课程进入各警察学校、武警学院。

2005 年武汉科技大学文化学院将拓展训练引入学生课外实践。

2007 年华中科技大学 EMBA 将拓展培训引入课程。2007 年湖北大学将拓展训练引入并作为专业选修课程。

2008 年华中科技大学国防生引入拓展训练课程。

2008 年湖北经济管理学院将拓展训练引入学校课外实践。

2009 年武汉职业技术学院拓展训练引入学生综合素质教育中。

2010 年武汉船舶职业技术学院为了让学生迅速融入大学集体生活，提高学生综合素质，联合星光体育有限公司共同将素质拓展理念引入学生综合素质教育中。2011 年将素质拓展以实训专用周的教学形式面向所有新生开设。

第二节　拓展训练课程的教学流程

一般来说，学校拓展训练课程教学流程包括：课程设计——场景布置——破冰课程——项目挑战——分享回顾——提升心智——改变行为，共 7 个环节。

一、课程设计

拓展训练课程设计针对不同参训群体及需求进行设计。课程设计对于整个课程来说非常关键，直接决定课程是否能取得预期效果。在企业拓展训练中，课程前期有大量的工作需要完成，设计调查问卷、走访参训单位直接了解参训群体培训需求，并提出合理建议。课程设计受参训人员的年龄阶段、年级专业、学历背景、参训时间等诸多因素的影响，不同的课程体系有着不同主题的课程目标，也直接决定参训学员的体验和收获的主题方向。

> 教师的舞台是讲台，拓展教师的舞台是训练场。懂拓展的人生命将更精彩！
> ——钱永健

与企业拓展训练的课程设计相比，学校拓展训练的课程设计相对简单，学生群体的年龄阶段、学历都是相对固定的，课程设计一般遵循以下几个原则。

1. 顺序性原则

拓展训练的项目安排要求有一定顺序，根据团队发展的理论，人的心理变化有一个过程，常规安排时把信任背摔放在第一个项目，这个项目与高空断桥相比，个人挑战性相对较低，可以使团队成员迅速融入团队，充分拉近学生之间的心理距离，迅速融入拓展训练的状态。但如果第一个项目就是高风险、高难度的项目，很可能给个别学生造成"当头一棒"的感觉，以致产生退出拓展训练的念头。整个拓展训练的最后一个项目需要安排团队协作的项目，这样可以

使学生感动的情绪和团队的氛围都发展到一个高潮作为结束，如求生墙、挑战150等。

2. 连续性原则

拓展项目之间应保持一定的连续性，开始项目之前应该留出一段时间进行一个热身游戏，这有助于提高团队氛围，项目之间的间隔时间不可太久，否则项目之间会有脱节感。不应连续进行两个或多个分享方向相同的项目。拓展教师在整个过程中都要调控团队的氛围，确保团队始终处于高涨热烈的氛围之中。

3. 完整性原则

安排不同分享方向的项目进行搭配，如信任、沟通、个人挑战等几个分享项目搭配，整个拓展训练才具有完整性和系统性。当然根据参训群体的需求应有所侧重，突出一两个分享方向。一般情况下，信任背摔与高空挑战项目是整个课程体系中的经典项目，属于拓展训练的首选项目。

二、场景布置

场景布置对于整个拓展训练来说也是非常关键的一环，场景布置所需要注意的细节非常多，如破冰环节里需要准备笔、纸、旗子、秒表、旗杆等物品。还需要根据团队的人数去合理摆放桌椅，以使训练环境紧凑协调。项目进行前需准备不同的物品，如高空项目准备安全衣、头盔、绳索、锁具等安全器械尤为重要，缺少任何一件器械，安全都不能百分之百的保障，会直接导致项目不能进行。

> 含泪播种的人，
> 一定能含笑收获。

在孤岛求生项目中，需要鸡蛋、乒乓球、胶带、报纸等物品，如缺少其中任何一件，项目是无法进行的，需要强调的是鸡蛋一定要用生鸡蛋，在鸡蛋破裂的瞬间，会使学生有强烈的挫败感，所以不能用熟鸡蛋或乒乓球代替。

在盲人方阵、信任之旅等项目中，因为场景模拟的是学生失明或在黑暗的环境的情况下完成任务，这里需要用眼罩来帮助学生寻找真实的情境感受，眼罩在这个项目中是必需的，眼罩要定期消毒清洗，不然会引起学生反感，不佩戴或故意漏出眼睛。

除了硬件方面的场景布置，另一方面就是情景模拟和规则的布置。教师对于规则的布置必须清晰，而且介绍项目的语言必须符合每个项目的特点，这要求教师具有丰富的经验和对项目特点的深刻理解，否则很容易引起学生争议，导致项目效果不如意。

三、破冰课程

破冰是拓展训练课程开始前的一个必需课程，意为打破人与人之间生疏的坚冰，使学生快速地融入团队，团队成员之间的距离迅速拉近，很快熟悉起来，完全融入士气高昂的团队中来。拓展训练是以团队为基本单位的，以团队的形式完成一个个的挑战，征服一个个困难。这要求团队有高度的凝聚力和战斗力，如果学生没有充分的团队归属感和责任感，这个团队将是失败的团队，整个拓展训练也是不成功的。所以破冰课程这个环节非常关键，要求教师运用各种方法和手段使所有学生在短时间内迅速热起来，融入团队，这对教师是一个很高的要求。破冰主要打破5层冰：

一是打破学生与学生之间的冰；

二是打破学生与教师之间的冰；

三是打破学生自己内心深处潜在的冰；

四是打破学生与拓展训练之间的冰；

五是打破学生与环境之间的冰。

在拓展训练课程中的破冰活动主要体现在以下几点。

1. 破冰不是可有可无

破冰作为拓展训练开始的内容，关系着整个拓展训练课程的进展和成败。

2. 有冰才破，无冰不破

不是每一个队伍都有坚冰，比如以班级为单位的学生团队，可以适当减少破冰内容，多一些"融冰"内容，甚至可以直接进入破冰游戏阶段，但破冰活动本身不能删除。

3. 打破坚冰而不是制造坚冰

如教师过于严肃的言行反而给学生造成压力。破冰讲解时把人和人的"坚冰"放大，并告知"坚冰"如果不破会如何伤害团队，造成如何后果，反而会让一些团队无法进入应有的状态。

4. 形式简单但环节不减

可以把繁琐的问好、介绍拓展起源、学习理论等环节减少，多一些互动活动并引向其后即将开展的课程，尤其是参训时间少于一天半的班级团队，破冰和团队组建最好在一个小时左右结束。

5. 破冰游戏多种多样

灵活运用个人挑战和团队配合的小游戏，让参训学生在过程中感受拓展训练的挑战活动、团队学习和体验式学习等元素，加强学生对拓展训练的兴趣。

6. 破冰结合热身

破冰消除身体与心理的陌生感之后，需要热身活动增加学生的兴奋度和专注度。

四、项目挑战

项目挑战是拓展训练课的核心部分，主要包括两个环节：感知活动和项目体验。教师的"教"和学生的"学"打破了传统意义上的教学关系，学生成为课程的主体，教师的角色也随之发生了变化。

在上课时教师布置项目，学生理解规则，这是关于"说与听"的环节；学生项目挑战和教师的适时监控是确保项目顺利进行的环节，也是拓展训练课程的重中之重。

1. 感知活动环节——教师布置项目，学生理解规则

项目布置简称布课，是按照活动项目的内容特点，项目情境、器械使用与安全要求等，并在此基础上提出目标。理解规则是组成团队的学生按照教师要求，观察、记忆、分析并依据相关信息做出行动决定的过程。

教师布置项目的重要一环是场景布置，场景布置须提前完成，最好不要当着学生的面去布置和检查器械，这会造成"机密泄露"，也会浪费上课时间。项目布置要在时间和空间上具有条理性，尤其是一些具有指导性内容的布置，先做什么再做什么要交代清楚。关于安全的布置必须要严肃认真，不能轻易减少安全布置的程序和内容。在布课时应该清楚记得自己说过什么，可以在随后的回顾中正确引导。课程布置时部分道具的发放和使用时机也很有讲究，这对于学生完成任务起着至关重要的作用。

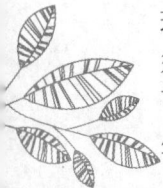

在正式上课前，教师一定要强调："手表、手机、钥匙串，门卡、饭卡、IC 卡，钱包、耳环和项链，戒指、手镯和发卡，统统都要拿出来，放到规定的地方。对了，千万别把手机放在太阳下暴晒，有危险，你懂的！"

理解规则是学生完成任务的一部分，学生首先需要了解项目的性质和内容，听清楚教师对项目的说明，弄清楚要做什么，然后通过分析理解规则要求，从而达到知道怎么做的目的。

如图 3-2 所示，学生参与项目挑战——雷区取水。

2. 项目体验环节——学生项目挑战，教师项目监控

项目挑战是指个人或团队在接受活动后，在获得安全的前提下，按照项目要求完成规定的任务。项目监控是指拓展教师在学生进行项目挑战时，对与项目有关的规则和学生的安全进行适时的监督和调控。

图 3-2　项目挑战——雷区取水

项目体验环节是体验式学习的基础，也是整个学习流程中关键的一步。个人项目主是提高自信心与提供自我省思的机会。团队挑战主要是提高沟通能力、领导力和他人合作的能力。

挑战不仅仅是那些望而生畏的项目，绝大多数项目应在学生的能力范围之内，看似非常简单但需要我们付出艰辛努力才能完成。对于学生来说，最初的判断也许和项目本身潜在的难度不同，拓展教师可能做一些简略的提示，以使他们正确地面对所要接受的挑战。

（1）项目难度与项目本身的设计有关。一般来说，高风险的项目难于低风险的项目，体力消耗多的项目难于体力消耗少的项目，主要活动在户外的比可以进入室内完成的项目要难。高难度的项目主要提高个人素质，挖掘个人潜力，低难度的项目更多的是培养团队精神、增强解决问题、决策和沟通能力。学生对项目的难易认识取决于个人的感悟力、态度和价值观，是他们的感官体验和主观理解的综合。教师在布置项目任务时要及时地判断学生的认知状况，在合适的时机作出必要的提示。

（2）布课阶段是心理准备的预备期，学生体验过程从教师布课就已经开始了，布课过程有时就注定了体验结果，教师在心理准备的预备期中做了必要的提示和交代，使学生在心理上有了一定准备，理解教师所讲的项目要求对完成项目起重要作用。

（3）参与挑战的过程是学生们的实践过程，由于拓展训练的不确定性，体验结果不尽相同，没有好坏之分，没有成功的活动过程也各具特点。教师可以在每个项目中安排个别学生做观察员，观察员除保护队友安全外，也可以帮助记录项目的进程，关键时期的关键话语，正确或错误导向的决策及发生时间，团队出现的主要问题等，当然教师也应准确记录，以便在分享回顾中运用。

（4）体验过程的连续性与体验效果密切相关。不可控因素在拓展训练课程中经常出现，但不能在项目挑战过程中轻易停止下来，如果有可能尽量全队完成，必须终止时一定要选择合适时机，否则前面的努力就会付诸东流。

案例

在一次拓展训练课上，某拓展教师将队伍带到教室，向其讲解七巧板的任务和规则。在学生分好组后准备开始项目挑战，此时一名专业课教师带着一个班的学生要占用教室临时补课，不得已情况下拓展教师只得将队伍带到室外继续开展项目，然而被这个突发事件打断后，学生已经过了布课时的兴奋期，怎么也提不起劲来继续完成项目，最后只能草草了事。

（5）遇到困难要依靠个人能力与团队的力量去解决，不要轻易地求助拓展教师，也不要轻易地挑战规则。经常会有学生认为规则没有讲清楚，也有学生会向教师提问，通过观察教师脸色表情作为行动依据，这都是不可取的。一个好的拓展教师，既是一个好的"导演"，也是一个好的"演员"，不鼓励教师采取"目光回避术"，因此在某些项目中，如雷阵，一副好的墨镜不仅保护眼睛，也使学生们不至于从流露的眼神中找到答案。

（6）项目监控是教师的最主要任务。对学生监控首先表现在对位置的能力把握上，教师在什么位置参与监控对于全面观察项目进展，对于安全向风险转化的预知和化解等有直接关系。其次对于个人挑战的不同时间和团队进展的不同阶段，需要哪些技巧疏导与引导，对某些行为是支持还是禁止需要通过过去和现在的发展规律预测该活动下一步的走向，从而做出正确的判断，并进行合理的监控。

活动监控也包括对一节课的时间安排上，在一些高空类项目中，不要轻易养成"拖堂"的习惯，学生如果下节有课，很容易造成心不在焉，不论从挑战还是保护的角度我们都认为，这是潜在的不安全因素。

小贴士

团队中要给每个队员表现和犯错的机会。宽容失败，尤其是在拓展这样的日常训练中。没有失败就没有真正意义上的成功，也只有犯错，才能真正意义上把问题呈现出来，也才有全面彻底解决问题的可能。

五、分享回顾

分享回顾是指学生完成项目的高峰体验后，大家围成一个圆圈，在教师的引导下，把自己在项目进行中、项目完成后的最直接的体验，结合自己的生活和学习中的最真实感受表达出来。分享回顾环节也是拓展训练课程的核心组成部分，通过分享回顾能

> 伟人之所以伟大，是因为他与别人共处逆境时，别人失去了信心，他却下定决心实现自己的目标。

让团队成员充分感受到拓展训练的内涵，内心深处受到启迪，学生之间共同学习。拓展不单单重视体验和实践，更注重体验后的回顾和归纳总结。回顾贯穿于活动体验与体验之后的各个时期，每一个人在回顾之后的感悟也不相同，通过回顾学习，可获得更多更有价值的经验。

阅读材料

法国牧师纳德兰·塞姆聆听过一万多人的临终忏悔后说："假如时光可以倒流，世界上将有一半的人有伟人的成就；如果每人都把反思提前 10 年，便有 50％ 的人可能成为一名了不起的人。"由于缺乏对过去的反思和对未来的预见，所以很多人不能正确地总结过去，开创未来、实现理想！

1. 分享回顾的方式

（1）"圆桌"分享的方式。一般采用轮流发言与随机发言相结合，让每个人都有机会发表自己的看法。尤其是开课初的几个项目，要保证每个人都有机会发言，如图 3-3 所示。

图 3-3　分享回顾

发言顺序经常是以个人先开始，然后按顺时针或逆时针方向轮流，当然个人挑战项目按完成任务的先后顺序也是一个不错的选择。第一个人经常会由最先完成任务的人开始，或者困难最大的那个人开始，我们都应该在他们讲完之后为其成功鼓掌，当然回顾过程中我们也会祝贺每一个成功的人。

（2）先做"开放式"后做"闭合式"分享的方式。"开放式"就是分享初期每一个人随便讲自己的感受，范围和内容只要和项目有关就可以，这样可以最大限度地了解学生的感受。"闭合式"就是在开放分享之后，按照项目设计之初的理念和项目学习目的，就项目中集中的重点问题进行深度分享，这个阶段教师可以进行引导或者提出一些相关的问题供学生参考。

（3）鼓励为主的方式。学生在分享时难免会出现部分学生积极踊跃，而一部分学生相对沉默，这时要多鼓励他们发言，不要强迫和为难他们。此外在每一位学生大胆讲出自己的感悟时，都应当给予适时的鼓励和表扬。

一名优秀的拓展训练教师完全可以把学生引入一种争抢发言的状态，教师的作用就是引导、点评，以一个会议主持者的身份，安排发言顺序、决定发言时间、分配发言权，而不要有过多的自己的看法。

2. 分享回顾的原则

（1）即时性原则：做完项目即刻进行回顾与分享，项目刚刚结束学生还完全沉浸在项目的氛围之中，孤岛求生里捏破鸡蛋的挫败感、盲人的无助感、哑人的茫然焦虑、高空抓杠成功后的成就感等高峰体验还在内心激荡，此时进行分享回顾有利于学生把自己最真实的体验滔滔不绝地表述出来。

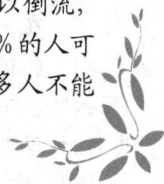

案例

在一次拓展训练课中，学生团队做完高空断桥后已是中午 1 点钟，学生均处于刚才的惊险和喜悦之中，由于时间安排必须吃中饭，教师只好把这个项目的分享回顾留在下午进行。下午项目开设，教师组织进行高空断桥的分享回顾，此时的学生精神萎靡、昏昏欲睡，无论怎么引导，学生的总结只有几个字："不错、还好了、很棒"，完全没有氛围，这个项目分享回顾的失败直接影响整个拓展训练课程的效果。

（2）求同存异的原则：每一个人都可以说出自己真实感受，不做针锋相对的辩论，求同存异去体会别人的真实感受。

案例

信任背摔项目完成后，大多数学生在分享中这样谈自己的感觉——"很刺激，觉得自己很了不起"、"我第一次发现信任的力量如此之大，实在太不可思议了，我由最开始的胆小鬼转变为了积极参与者"、"感谢我的同学们，是他们的力量支持着我的行为"……

也存在着不同的声音——"刚上大学，大家还是陌生人，陌生人之间不可能产生即兴的信任感，即使是有，我相信那只是为了完成课程任务的表象行为而已"、"这个活动过于夸大信任的力量了，其实还包括有其他方面的因素，如人员之间的配合、领导人的调配"、"如果说在现实生活中放纵自己的信任行为，我认为那绝不是一件好事"……

分享中见真义，从分享中明确活动目标实现的程度，没有反对的声音的拓展训练绝不是一场成功的训练，分享绝不是歌功颂德。

（3）联系实际的原则：学习是为了以后更好地工作和生活，与实际生活联系起来，不要在项目的完成方法上纠缠不休。

小贴士

在雷阵项目中，学生最容易纠缠"正方形"直角发放是否标准的问题，有经验的教师会在项目布课的时候就将这个问题化解于无形，但如果碰到这样的问题一定要避重就轻地绕开这个问题，如："你说的这个方法是否科学合理还有待验证，但同其他队伍比起来，他们的产品质量从直观上而言还是要好一些。然而，我们今天讨论的重点不在此……"。不然纠缠下去教师立马从体验式教学的"引导者"的角色转变为"参与者"，更甚者变成"争吵者"。

（4）主题性原则：每个拓展项目都有其核心理念，但同时也有其他方向的分享点，项目之间的分享点有许多地方是相同的，所以每个项目的分享回顾应重点突出其核心内涵，同时根据参训团队的需求展开分享点，如信任背摔这个项目应重点引导分享"信任"；高空断桥重点突出"个人挑战与突破"的分享点。教师要在拓展训练课前做好计划，把回顾的要点分配到不同的项目中去讲授和分享。

（5）主体性原则：分享回顾应以学生为主体，有些拓展教师由于经验不足，对于分享回顾环节把握不到位，引导组织力度不够，又怕冷场，于是自己成为分享的主题，长篇大论、套话空话连篇，偏离了分享的主题。教师是一个会议的主持者、引导者，或者说就是一个记者，要提出一些开放性的问题，引导学生分享出项目的核心内涵。

六、提升心智

提升心智这个环节关键是在学生完成项目挑战之后，从激动、颤抖的高峰体验中抽身，思考自己，修订"自我概念"。拓展训练项目中有许多看起来是很危险的、使参加者感到巨大压力的活动，但这绝不是单纯地追求惊险的活动，而是要在建立了个人和团队的目标、开展了与自我改善和有社会性的活动之后，在接受了团队中的每个同伴的帮助，克服了一个个困难的课题之后，体验到了由完成目标的喜悦而转化来的强烈的成就感。这种成功的体验，使学生的心智模式不断提升，正是拓展训练的主要目标。概括来说，就是将学生的感悟与理解进行提升，主要运用鼓励与肯定的形式，让学生对自己的能力与潜力有一个新的认识，对团队的进展充满信心，并相信自己能够在实践中合理运用。

经常有一些学生训练结束后觉得自己在对问题的认识上增加了深度，对事物的态度更为积极主动，并充满了活力。正如一位普通的球类爱好者在看完顶级赛事的比赛后，也觉得自己球技大长，能够打出更好的球，这种现象也是拓展训练的价值所在。

七、改变行为

改变行为时将拓展训练中的所感到的在生活情境中得以运用，达到学习的目的。

学习的最终目的是将所学的知识得以运用，能否在拓展训练之后继续保持当时的激情，回到工作与学习中能够使自己有所改变，是拓展训练课程的最终目的。在日后能够运用多少，与课程的设计及授课时的要求有很大的关系。同时，参加学生的心态也是至关重要的，即使二者都处于较佳情景，也许在训练中表现甚佳，但不能很好地将其与未来生活中可能遇到的事相联系，对于拓展训练来说，也不能算作成功。学生来参加拓展训练课程，必须让其对拓展训练有一定的了解，指导此次学习的形式、内容和目的，有助于更加深刻地体验学习过程中的收获。

阅读材料

太阳因为永不放弃，才最终冲破重重迷雾，光耀万里！
江河因为永不放弃，才流泻千里，到达浩瀚无边的海洋！

小草因为永不放弃，才不计星星点点的渺小，最终连成一片，绿满大地！

我们因为永不放弃，才会在人群中脱颖而出，并有着无穷的发展潜力！

在我们这个世界上，有许多美好而难得的东西，值得我们去执著追求，永不放弃！

抓住梦与理想，这一生我们唯一要做的就是：永不放弃！

第三节 拓展训练课程中团队成长阶段与团队成员的表现

拓展训练中团队的发展过程显示着团队建设的显著效果。一般来说，团队发展分为四个时期：形成期、磨合期、成熟期、高效期。在不同的时期团队呈现出不同的表象与特征。

一、团队形成期

1. 表现形式

建立团队，选出队长，并有团队的队名、队徽、队旗和队歌等。

2. 团队成员表现

在团队形成初期，团队成员大多保持谦虚谨慎的态度，并且极力避免与他人发生摩擦。同时，对团队形成了一定的归属感，愿意为团队的下一步发展进行不断的尝试。在心态与情绪方面，团队内部都会不同程度地存在着不安、不满、无所谓的情绪。

3. 团队队长的表现

对采用何种手段、带领团队成员进入磨合期，以及对自己的职责没有进行更深一步的了解，只是以传统的管理手段如强制性要求、惩罚等进行管理。在对团队成员的组织、发动、心理辅导方面做得不够到位。

队长正确的应对方法：多采用协调、介入、民主的方法，使团队在最短的时间内明确目标，允许团队成员发表自己的意见并鼓励团队成员一起进行尝试。建立团队的行为规范以保证团队活动的顺利进行。

4. 指导方法

详细交代项目的规则、安全事项，在项目开始阶段进行详细的引导，尽量将权力下放到队长，不要过多地干涉团队的活动。团队项目挑战时，教师可以观察学生的表现以了解学生的特征及需要。

案例

某学生团队在校园内进行"定向寻宝"活动。由于参加学生较多，教师将所有学生分成4个团队，每个团队民主地推选出一名队长，队长职责是带领团队成员依据提供的模糊地图到达指定地点"寻宝"并闯关，最终回到起始点。在一个路口上，A队成员有部分学生对队长及他人看法提出异议，认为团队对地图的分

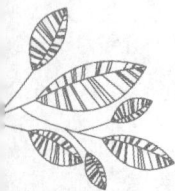

析结果是错误的，不愿意跟着团队继续前进。该对队长在最初的慌乱过后，采取了团队全体队员重新对路线进行分析的决定。在经过了缜密的分析及初步确定后，队长承认自己选择了错误的路线，对于自己的错误，他诚恳地对持有异议的同学做了检讨。

二、团队磨合期

1. 团队成员表现

随着交流时间的增多，冲突与摩擦在交流中产生，团队成员因对事物的不同看法而产生分歧。随着项目的进行，部分团队成员会对团队的决定产生质疑，并产生挑战他人的想法或抵制团队的行为。综合团队的表现，基本呈现对抗的局面。

2. 团队队长的表现

面对团队形势队长会实行强制性管理，对于表现尤为突出的学生会产生戒备心理，这一阶段，队长很容易情绪化。

团队队长的正确应对方法：综合听取团队成员的想法、意见，并采用制订好的行为规范化解冲突。采用反馈的手段了解团队成员对行为规范、活动目标、活动方法的了解程度并采取相应的措施。减少对团队的介入，加强协调工作的力度，与队员进行理智交流。队长开始由主导地位慢慢转变为协作者与队长合二为一的角色。

3. 指导方法

采取一定的介入，以减少团队错误的决定与尝试，对于团队错误的决定可以进行惩罚。协助团队队长转换角色。

三、团队成熟期

1. 团队成员的表现

团队内部开始呈现出高度的凝聚力，队员之间的交流方式变得更加民主、自由和有效。团队成员愿意与队友分享自己的心得并积极听取、采纳队友的经验，所有团队成员愿意遵守制定的团队行为规范。团队内部的气氛变得轻松，项目进程变得有序、有效，富有节奏。

2. 队长表现

团队队长完成了自己角色的转变，鼓励其他队员担任领导角色。在解决问题的同时不断修改、完善现有的团队行为规范，使之更加民主、合理。鼓励团队尝试用不同的方法完成任务。积极引导队员进行分享，并将分享的主题以及内涵延伸至实际生活中。

3. 指导方法

在团队成熟阶段，教师在整个团队中鼓励团队进行内部的分享，并协助团队队长发现队员的特长，适当地进行潜质的挖掘。

四、团队高效期

1. 团队成员表现

表现积极，全身心地投入项目中，乐意接受队友的批评、建议。愿意在队友遇到困难时给予帮助和支持。并且团队的创造力、凝聚力、集体智慧、应对挑战的自信心等均得到了提高。

2. 团队队长表现

鼓励队员进行创新思考，照顾到所有队员，支持所有队员的共同参与、共同进步。主动为团队加入新的元素，促使队员将活动中的成功经验转化为实际生活中的经验，使团队分享更加活跃。团队队长本身的控制能力、协调能力、时间管理能力得到了提高。

3. 指导方法

对团队的表现进行肯定，给予一定嘉奖。并引导团队对成员个人的行为和团队的行为进行回顾总结，达到团队的共识。

 阅读材料

在美国，体验教育协会聚集了全球 115 名从事体验教育培训与发展的人士，成立了一个"特别任务小组"（DEEP）并制订了一份名为《体验式培训与发展的定义、道德规范及其良好的行业操守》的文件。该文件对从事类似拓展活动的工作者进行了关于"训练师"和"指导员"的区分和定义。指导员是"负责制订学习环境，以帮助个人或团队学习者在学习过程中充分获得学习价值的人。"训练师是"一名指导与提高学员指定知识或技能的指导者，并帮助学员直接达到预期的显著学习效果。"拓展教师在培训工作中的分工比较明显，而在学校拓展训练课程中需要扮演更多的角色，或者说需要尝试更多的角色，这对拓展教师来说既是挑战，又是提升能力、丰富专业知识的必要途径。

 **技能培养**

定式格：在一张白纸上按以下步骤画出一个相对精确的图形：先画一个正方形，在 4 个边上取中点组成"田"字格，然后再在中线上找出各段中点，分别连接出 3 个小的正方形，并将中间部分阴影化，将剩余的空白区分别标出 A、B、C、D 4 部分，结果如图 3-4 所示。

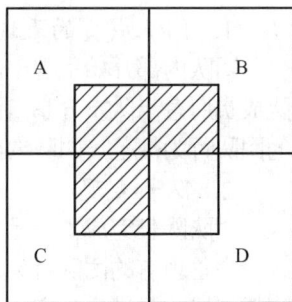

图 3-4　定式格

分别按要求完成：

（1）用 1 分钟将 A 区分成形状相同，面积相等的两部分；

（2）用 2 分钟将 B 区分成形状相同，面积相等的三部分；

（3）用 3 分钟将 C 区分成形状相同，面积相等的四部分；

（4）用 5 分钟将 D 区分成形状相同，面积相等的七部分。

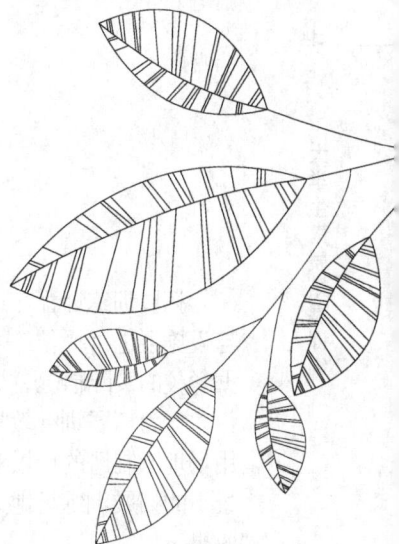

第四章

拓展训练的场地和器械

　　本章介绍了拓展训练的场地以及头盔、安全带、保护绳、锁具等保护设备的基本知识和使用要求，为能够安全地开设拓展训练项目提供了帮助。此外，重点介绍了拓展训练中绳结以及其打法，为高空拓展训练项目提供了安全保障。

第一节　拓展训练的场地

拓展训练课程在进行体能、技能、磨炼团队时，需要专业的拓展设备，必须在特定的环境与设施上进行操作练习，这与传统的学校体育教学设施大大不同。因此，在教学过程中，应根据学校的实际情况，尽量完成与课程相配套的教学、实践场所的建设，以及教学装备的购置。

作为拓展训练教师，选择场地至关重要，不同场地会有不同的项目设置。同样，合理地利用场地所制造的情景对于培训效果的提升也有帮助。一般来说，学校的拓展场地还是以模拟情景下的拓展训练场地为主，这些场地往往看似相同，其实每一个细节的变化都会有不同的培训效果。

拓展训练根据场地分类主要有 3 种（如图 4-1 所示）。

1. 自然环境下的野外拓展训练场地

野外拓展场地的安全由于环境复杂多变，适合具有一定专业训练的人或在其组织与带领下，体验拓展训练的刺激与乐趣。参与此类活动必须有人对地形极为熟悉，对当地的气候条件有充分了解，对周边人文环境有较好地处理经验，做好各项准备之后，在活动前的一周内对场地再次进行前期考察，然后才能选择使用。

2. 自然环境与人造环境相结合的户外素质拓展训练场地

自然环境与人造相结合的场地是许多拓展活动所推崇的一种活动场地，它是在利用原有自然环境的基础上，寻找适合某项活动所需要的可利用条件，在不破坏场地原貌的基础上局部进行了人为改造。例如，利用水库的大坝做沿绳下降，利用河流与钢索搭建进行渡河活动等。

3. 人工建造的拓展训练场地

场地拓展训练是按照一定的课程理念，将课程知识按照一定的要求，设计出符合要求的活动，并按照活动进行布置与搭建的场地设施，让活动者在其中学习训练。场地拓展训练时开展较为普遍，易于被活动者接受，组织实施比较方便的一种形式。

产地训练在场地的建设中必须设计合理、用料考究、施工仔细、检查严格。同时遵循安全耐用、易使易查、留有备份的使用原则。

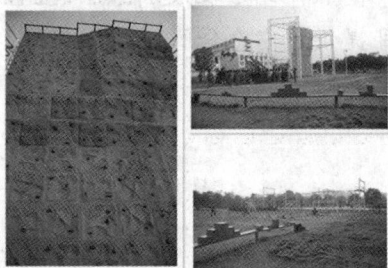

图 4-1　拓展训练场地

常见的素质拓展教学基地的基本设施有断桥架、空中抓杠、团队桥、攀岩壁、缅甸桥、天梯等。

第二节　拓展训练的器械

拓展训练中使用的器械，主要包括保护型、辅助器械、模拟器械和道具等，每一种器械都是不可缺少的。器械的选择采购、合理使用、保养与维护，对于拓展训练都是非常重要的。对各种器械使用方法的掌握，不仅对于培训机构有用，参训学员对此也应该多一些关心与了解，因为最终的使用者正是我们自己。

下面对一些常用的器械进行介绍。

一、头盔

对于所使用的器械需"从头说起"，首先就是头盔的选择和使用。在拓展训练过程中，戴上头盔能够使外在危险降低一半左右，相对坚硬的岩石与钢铁而言，我们的头颅就像又硬又脆的鸡蛋壳一样。即使和树干发生磕碰，我们也占不到任何便宜。

从高空作业到建筑工地安全防护，因用途不同头盔的差别极大，在拓展训练中，一般选择一些质量较好，功能简单的头盔。下面介绍头盔的知识范围也局限于素质拓展范围之内。

1. 头盔的材质

市场上适用于拓展训练的头盔，从材质来划分的话主要有三种：轻质头盔、硬质头盔和混合式头盔。

轻质头盔的内层是聚丙烯，外部为塑料构成的外壳。此类头盔通过聚丙烯的变形及碎裂吸收能量来保证头部的安全。由于聚丙烯质轻，所以此类头盔的重量都很轻，多用在攀岩、滑雪等活动中。

硬质头盔的外面材料主要采用工程塑料或碳纤维等硬质材料制成，优点是强度高、结实耐用，但是重量要高于轻质头盔。一般用于探洞、溯溪、登山等活动中。

混合式头盔结合了前两种头盔的优点，内衬为聚丙烯或者海绵用于缓冲，然后再附上一层硬质外壳抵抗冲击力，重量介于上两种之间。此类头盔的应用范围相对较广。

2. 头盔的正确佩戴方法

拓展训练中，许多学员都是初次使用头盔，有些学员甚至感觉很别扭，不愿意戴上头盔，有些学员戴上头盔后喜欢用手不断的整理调整，这和头盔戴得是否合适有直接关系。

佩戴头盔时注意以下几点。

（1）将品牌标志（如狼头或字母）放在头前。

（2）佩戴后处于水平位置。

（3）根据头围调整头盔大小。

（4）根据颈距调整颈带距离。

（5）头盔佩戴松紧标准：双手中、食指自颌下伸入颈带半指，以不影响呼吸为准。

给其他学员佩戴头盔时还应注意细节，体现人文关怀。如果颈部的收紧带是搭扣的，在扣上时必须用自己的一个手指垫在学员的颈颊部，防止扣紧搭扣时夹伤皮肤，并且需要把使用方法教给每一个学员。

二、安全带

安全带是人与装备的连接枢纽，常用的安全带分为全身式安全带、胸式安全带、坐式安全带3种，全身式安全带和坐式安全带分别如图4-2和图4-3所示。

全身式安全带在拓展训练的空中跳跃项目中使用，它能防止人在空中的翻转。一般由45毫米的宽带制成。一种尺码，全身可调。胸围最大尺寸是108厘米，腿围最大尺寸是90厘米，常见的全身式安全带前后各有一个挂点，有的还有装备环。重量一般为600克，轻便型的重量为400克左右。

图 4-2　全身式安全带

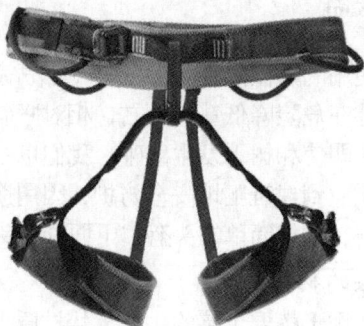

图 4-3　坐式安全带

全身式安全带在高空项目"空中单杠"、"高空相依"、"缅甸桥"等有可能出现高空冲坠和翻转的项目中使用。穿戴时应注意以下几点。

（1）将有安全环的一面放在身后边。

（2）像穿短裤一样，左腿伸进左腿带，右腿伸进右腿带。

（3）带扣在右边，穿带在左边。

（4）全身式安全带常带自锁装置，如果不带自锁装置的必须穿戴完毕后打反扣。

（5）穿安全带时要求项目队员躬身弯背，待教师扣好铁锁时再挺直腰身。

（6）穿戴全身式安全带的标准：胸带松紧度以"穿戴队员站起身体时上半身稍感勒束"即为合格；腿带不要绷得过紧，松紧度"以五指插入能够上下自由活动"为准。

胸式安全带能提供上半身额外的支撑，使身体保持原来的位置。如进行"空中单杠"项目，或者必需背着背包上攀，或是溯溪、冰雪地攀登遇到较危险的地形时，有胸式安全带和坐式安全带配合，能提高活动的安全性。胸式安全带一定要和坐式安全带配合使用，才能达到支撑的效果，绝对不能单独使用胸式安全带！当冲击力较大时，会使上半身承受的力过大，有时会造成危险的结果，尤其对于儿童，不能使用胸式安全带。

坐式安全带，一般由腰带和腿带构成，通常又有全可调式和半调式两种，在高空项目"断桥"、"天梯"、"空中单杠"、"缅甸桥"及攀岩、速降等户外运动中使用，特点如下。

（1）将安全环的一面放在身前。

（2）像穿短裤一样，左腿伸进左腿带，右腿伸进右腿带。

（3）带扣在左边，穿带在右边的半身式安全带居多，也有两边都带穿带的。

（4）半身式安全带基本不带自锁装置，需要穿戴完毕后必须将腰带和腿带打反扣，反扣后剩余腰带和腿带的长度不低于 8 厘米。

（5）穿戴坐式安全带的标准如下。

① 腰带穿在髋部以上，松紧程度以"用右手中、食指在腹部弯成 90°"时感到比较紧不舒畅即可。

② 腿带不要绷得过紧，以五指插入能够上下自由活动为准。

③ 先紧腰带，再紧腿带。

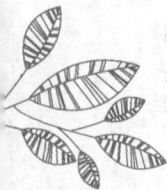

三、安全绳

登山史初期，登山用绳为天然纤维所制（马尼拉麻和其他麻种），但严重坠落时绳子支撑不住下坠的重量。第二次世界大战期间发明的尼龙绳不但解决了这个问题，还改写了户外运动史，包括素质拓展在内，使用者现在有了质轻、可承重两吨以上力量的绳。尼龙绳弹性极佳，使用者坠落时不会遽然停止和剧烈摇晃，尼龙绳会伸展，吸收大部分的冲击力，减轻坠落力量。

通常运用的绳索有：全程保护学员的上升，通过或跳跃，下降的动力绳；固定在场地器械上，用于连接上升器，保护学员上升和下降时的静力绳。

拓展训练中常用的保护绳和登山与攀岩活动中的用绳相同，所有的高空项目都会用到保护绳，也就是攀登绳，在国外被广泛称为动力绳（Dynamic Rope），如图4-4所示。

图4-4　动力绳

现今的动力绳全部采用在若干股绞织绳的外面加上一层外网的网织绳，而不是采用普通的尼龙绳。动力绳的外网分为单织和双织两种，一般来说单织外网的动力绳摩擦力小，也比较耐磨。直径在10毫米以上的动力绳被称为主绳，在绳头标有UIAA字样，这类绳子在拓展训练的高空项目中对绳子冲击力比较小的非跳跃性项目中可以单独使用。在跳跃性项目中，必须使用双绳保护，并且每根绳子单独挂入保护点。

对于动力绳，有以下几个特点。

（1）具有延展性。

（2）用于攀岩、高空拓展培训的队员人体保护。

（3）有单色、花色之分。

（4）承受拉力：22千牛，即2.2吨以上。

（5）规格分为：单绳（10.5厘米）和双绳（9厘米），辅绳（6厘米，拉力：0.72吨）。

（6）每根主绳长度分为每捆30米、50米、100米、200米。

还有一类被称为Static（静力绳）的绳子，如图4-5所示。这类绳子的延展性低于1%，这类绳子一般用于速降时使用，安装上升器沿绳上升或下降。这里特别要指出的是静力绳一般颜色为白色，价格比动力绳要便宜，但绝不能用于超过2米坠落可能的上升，更不能用于跳跃项目。

对于静力绳，有以下几个特点。

（1）延展性几乎没有。

（2）用于下降、高空拓展培训及攀岩的上升器、攀索支持保护。

（3）多为单色。

（4）承受拉力：22千牛，即2.2吨以上。

（5）规格分为：10毫米和10.5毫米两种。

（6）每根主绳长度分为每捆30米、50米、100米或200米。

（7）保护：不可接触物有强光、紫外线；油类、酒精、汽油、油漆溶剂；酸碱性化学药品；水、冰、火、高温；凌厉、尖锐的岩角，砂粒，冰镐尖、爪。

图4-5　静力绳

第三节 绳 结

一、绳索的构造

在拓展训练中，绳索的作用非常重要，许多高空项目都是在安全绳的保护下完成的。通常运用的绳索有：全程保护学生上升、通过或跳跃、下降的动力绳，如"空中单杠"用绳；固定在场地器械上的用于连接上升器、保护学生攀爬时上升或下降的静力绳，如"空中断桥"立柱上连接上升器的用绳；沿绳攀爬或摆动时使用，用于双手抓握的不同粗细的麻绳，如"荡绳过河"的秋千绳；用于结网或活动道具的普通粗尼龙绳，如"盲人方阵"所用的绳；各种细绳，如"穿越电网"的编织绳等。

依照制造绳索的材料，大体可分为以天然纤维材质为主的麻绳和化学纤维材质的尼龙绳两类。现在使用于拓展训练中的保护绳几乎都是尼龙化纤材质的绳索。这一类的制品，比起天然纤维材质如马尼拉麻绳之类更具强度，质量也较轻、较柔软，也较具耐久性。此外，它也有在悬挂重物时，伸延性大、易于滑动的特征。相反地，却也有不耐热、不耐摩擦及不防紫外线的缺点。

现今的动力绳全部采用在若干股绞织绳的外面加上一层外网的网织绳，而不是采用普通的尼龙绳。动力绳的外网分为单织和双织两种，一般来说单织外网的动力绳摩擦力小，也比较耐磨。直径在 10 毫米以上的动力绳被称为主绳，在绳头标有 UIAA 字样，这类绳子在拓展训练的高空项目中对绳子冲击力比较小的非跳跃性项目中可以单独使用。在跳跃性项目中，必须使用双绳保护，并且每根绳子单独挂入保护点，承担冲击力。还有一类直径在 8 毫米左右的绳子被称为 TWIN ROPR，绳头标为 UIAA 的字样，这类绳子只能双绳同时使用，单独使用危险，要强调的是我们所使用的绳子必须有 UIAA（国际登联）的认证。

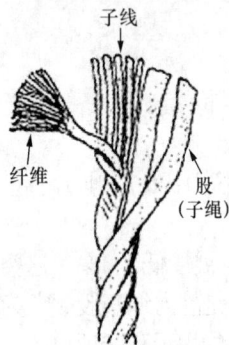

现在常用的保护绳仍然分为捻织及编织两种。如图 4-6 所示的三捻绳，是由三条绳子搓捻成的。一根根的子绳是由子线搓捻而成的。因此，此类的绳索就被称为捻制绳索。在如今的野外活动世界，捻制的绳索似乎不常被使用，而在第二次世界大战前，听说有人把搓捻而成的马尼拉麻绳当作登山绳来使用。至于选择什么样的绳索，拓展训练中并无统一标准，捻织绳也许在工程活动中出现，但是它的确不再成为和户外运动有联系的活动，因此建议选择编织绳。

图 4-6 三捻绳

现在登山、攀岩、拓展高空活动所用的保护绳，几乎都是尼龙制的编织绳。此类绳索，是由形成核心的芯绳与套在外面的外皮组成。外皮及芯绳都是由尼龙材料制成。中间的白色尼龙芯心，是由四条三层的绳子搓制而成。一根一根的芯绳是由子线搓合而成，而这些子线是由好几十根的纤维制成。

了解绳索的构造绝对是有百利而无一害的。在处理绳头时，可以把它切开一段看看。这对了解绳的构造，加深印象非常有好处，精细的构造或许会让你感到非常的惊奇。

除了圆绳之外，扁平的绳索也是我们的常用绳索之一，在环抱柱状物时，把它们做成绳套非常有用。

各类安全绳的作用如表 4-1 所示。

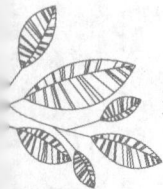

表 4-1　　　　　　　　　　　　大学生素质拓展训练安全绳

标　准	作　用
动力绳	动力绳因为有一定的延展性（6%～8%），故能有效地承受因攀登者坠落而产生的冲击力，又不会对人体造成不必要的伤害
静力绳	下降专用，延展性近似于0，不能用于保护，会产生冲坠的攀登
扁　带	可根据需要截取连接成为长短不一的绳套，用以器材之间的连接或固定空中作业者，扁带的延展性近似于0

二、绳索部位

在结绳课上，我们说"将绳头和主绳交叉"或"把一端抓牢"时，学生总是随意的抓住绳头，一脸茫然地看来看去，甚至会低声的嘟哝着表现他们的无助。如果双方都知道绳索各部位的名称，并记住这些名称，对于绳结教学或互相协作交流时非常有用，这可以让操作者清楚地知道应该具体用哪一部分完成绳结。主绳与绳头如图4-7所示。

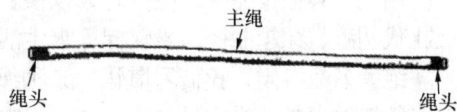

图 4-7　主绳与绳头

从端头到绳体的主要部分称作主绳；弯曲的部分称作绳耳，此外，称作绳环的部位是指打结后形成的圆圈而言，如一开始就是圆圈的部位就称为绳眼，绳耳、绳环和绳眼分别如图4-8、图4-9和图4-10所示。

图 4-8　绳耳

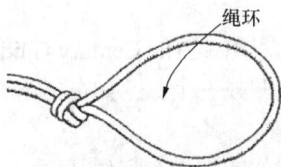

图 4-9　绳环

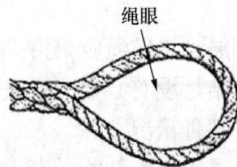

图 4-10　绳眼

绳端，就是一条绳索的两个绳头。用于打结的一端英文称作"END"，另一端称作"索端"。在拓展训练课上，习惯将近端叫做绳头，另一端叫做绳尾就可以了。

了解拓展训练用绳的术语，将这些名称与保护绳的部位对照上，并把它记下来，在交流时会显得更加专业一些。

三、绳结用途

所有的绳结都有不同的用途，选择在不同活动项目的需求下，使各绳结出现在最合适的用途中，是拓展训练中学习绳结的初衷。

绳结用途主要有以下 5 种。

1. 打结

首先在绳子上打好一个结，用于学生参加高空挑战活动时，用锁具将绳结与安全带连接成为安全保护的整体，这是拓展训练中做得最多的事情。有时也可以用来吊物体，也可以用于代替安全带（仅限于拓展教师交流时使用，在学生练习时杜绝使用）。

2．连接物品

用来固定物品或将其他物品连接起来。在做高空活动中安装止坠器或上升器的引绳时，或沿绳通过相关的活动都会用到，它是野外拓展训练中不可欠缺非常重要的部分。

3．打个圆圈

利用在绳索的末端所打出的圆圈，用来吊运物品以及捆绑物品。依照种类的不同，打圈可分为不可变更大小式样和可自由变换圆圈大小式样，也就是通常所说的死结和活结。

4．绳与绳之间的连接

用一根绳子捆绑东西的时候，要将绳的两端捆绑起来，或者是将两条绳结成一条长的绳子来使用的时候常用此方法。

5．捆绑

用绳将其他物品捆绑在一起，以便这些物品形成整体成为具有新用途的工具。拓展训练开展扎伐泅渡、穿越曲径、攀软梯等求生活动时，就一定要牢记这些用法。

绝大多数时候，我们习惯认为某种绳结的最适合用途只有一个，其实不然。比如布林结，在多数情况下都认为它是打圈的结，但在实际的使用中，它常常被用来连接树木、柱子等其他物品。另外还有一种不太普遍的用法，那就是用两个布林结连接绳子，在学生考试中为了增强他们的合作意识也会用到。

还有像双重八字结，这种结一般也是用在打圈的时候，但是在高空活动中，它常被用来直接连接保护绳与安全带，并深受使用者的信赖。

四、几种常用绳结

拓展训练结绳应秉持少而精的思路，《The Century Guide To Knots》一书的开头也写道："记太多的结是没有必要的，只要记住四或五个，比如布林结、接绳结、双套结和8字结等，就足以应付各种状况了"。

除了研究绳结的学者之外，我们实在没有记住几百、几千种绳结的必要性。即使记住了，在拓展训练中实际能派上用场的顶多也只有几十种。就实用性来说，与其浪费时间去记很多绳结，不如学习如何将一个绳结彻底活用。所以，今后想要精通结绳的人，应舍弃"多而不精"，寻找"少而专"，这是比较明智的做法。

以下将就绳结中最基本的6种结法及其用途详加以说明。相信只要活学活用所列举的绳结，即可应付拓展训练中的常见状况。

单结就是最简单的单独绳结，因为它的结很像一个人两手环着的样子，所以就将它称为交腕结（Over Hand），在日本称为"止结"，使用在日常生活中的情况相当多。拓展训练中不应为了追求所谓的"专业"和"花哨"而放弃使用单结。

这个节最单纯的使用方法是在绳子上打一个结，千万不要因为它的单纯而太小看它。用它做绳栓、防止滑动，或是绳子末端绳头松散时作为暂时防止其脱线等，在意外的情况下使用的范围也相当广泛。对单结加点小小技巧，就会产生种种变化，可以将绳与绳相连，也可以做成圈套，适用范围更是广泛。

因此，单结是所有绳结的基本结，是其他绳结的基础，由它开创出了变幻丰富的绳结世界。

（1）单结（Overhand Knot）

若想在绳子上打一个结，单结是最简单的结，当绳子穿过滑轮成洞穴时，单结可发挥绳栓

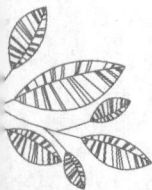

的作用。除此之外，单结还可以防止滑动、或是在绳子末端绽开时可作为暂时防止继续脱线的简便方法。部分高空项目，做地面保护时，主绳不够长时使用（在末端系），防止绳子滑落（法式五步保护时）。然而单结的缺点也很明显，即当结打得太紧或弄湿时很难解开。单结结法如图4-11所示。

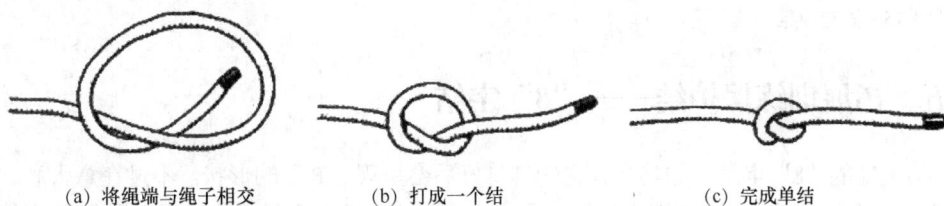

(a) 将绳端与绳子相交　　(b) 打成一个结　　(c) 完成单结

图 4-11　单结结法

以这个结为基本，还可以变化成结形较大的多重单结、圈套结之一的活索、将绳与绳连接的固定单结、做成一个固定圆圈的环形结，以及在一条绳子上连续打好几个单结的连续单结等。

（2）多重单结（Multiple Overhand Knot）

增加缠绕次数（2～4次），打成较大的结形。为了不让结打乱，须"边打结边整理"为重点所在。这种结用在作为绳子的手握处，或是当绳子要抛向远处时增加其重量。

图 4-12　多重单结结法

只要增加缠绕的次数，多重单结的结形就会变得较大。因此，大家可以根据需要，选择合适的缠绕次数，多重单结结法如图4-12所示。

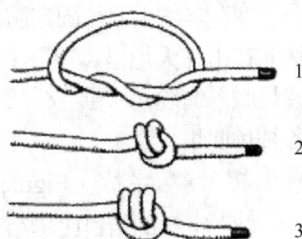

（3）活索（Noose）

一种简单的圈套结。拉紧绳子的前端即可做成一个圆圈，圆圈中间没有任何东西，一拉绳子即可将结解开，活索结法如图4-13所示。

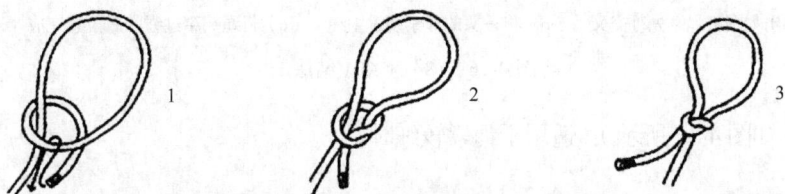

图 4-13　活索结法

（4）双重单结（Loop Knot）

与其说双重单结是为了做成一个圆圈的结，倒不如说它是为了避免使用绳子损坏部位的法宝。它的结法很简单，只要将绳子对折后打一个单结即可。这个时候如果绳环部分就是绳子的损坏部分的话，由于其无法产生施力作用，所以仍可安心使用绳子，双重单结结法如图4-14所示。

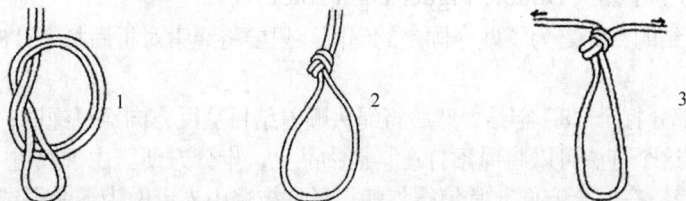

图 4-14　双重单结结法

图 4-15　固定单结结法

（5）固定单结（Overhand Bend）

固定单结的打法是将两条绳子的末端与末端重叠，然后打一个单结。这个结是用在将两条同样粗细的绳子迅速地连接，或是将一条绳子作成环状使用时等，固定单结结法如图 4-15 所示。

五、拓展训练保护结——"8"字结

广为人知的"8"字结一如其名，它的结打好后会呈现"8"的形状。不过在意大利，人们把"8"字结称为"皇室结"，因为结形正是意大利皇室家族徽章的模样。此外，"8"字结也象征着诚实的爱与不变的友情。所以也有人把 8 字结称为爱之结。

"8"字结主要作固定防滑之用，尤其对靠海维生的人而言，"8"字结的作用更是举足轻重，然而在山林天地里，"8"字结的变化——双重"8"字结比"8"字结用途更广。不论是做绳圈或是联系绳缆，双重"8"字结的效果均相当非凡，除了攀岩时经常用到它之外，户外生活中的各种场面也少不了它。

1. "8"字结（Figuer-eight Knot）

"8"字结的结目比单结大，适合作为固定收束或拉绳索的把手，"8"字结的打法十分简单、易记。它的特征在于即使两端拉得很紧，依然可以轻松解开。以下介绍两种打法，大家可以根据绳索的粗细不同分别活用。

结法 1（如图 4-16 所示）：一般最常使用的结法，适合用在绳索较粗时。

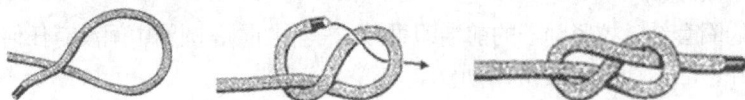

（a）如图将绳端先行交叉　（b）将一头的绳索绕过主绳　（c）将绳头穿过绳圈后拉紧完成

图 4-16　"8"字结（结法 1）

结法 2（如图 4-17 所示）：适用于绳索较细时。

（a）将绳端对折，并用双手握住　（b）把对折部分朝箭头方向转两圈　（c）将绳头穿过绳圈　（d）拉紧两端打好结

图 4-17　"8"字结（结法 2）

2. 双重"8"字结（Double Figuer-eight Knot）

双重"8"字结的目的是为了做个固定的绳圈。只要将绳索对折后打个"8"字结，便形成双重"8"字结。

在绳索中间部分打个"8"字结，然后将绳头顺着结目从反方向穿过绳圈；同样也可以完成双重"8"字结。这个打法可以将绳索打在其他物品上，十分方便。由于双重"8"字结具备耐力强、牢固等优点，在安全方面非常值得信赖；经常被登山人士做为救命绳结使用。不过美中

不足的是双重"8"字结的绳圈大小很难调整，而且当负荷过重，结目被拉得很紧，或是绳索沾到水的时候，想要解开绳结必须花费一番工夫。

结法1（如图4-18所示）：把对抓的绳索直接打个"8"字结，并且做成绳圈用力拉紧结目。

图4-18　双重"8"字节（结法1）

结法（如图4-19所示）2：利用双重"8"字结将绳索连结在其他东西时使用。

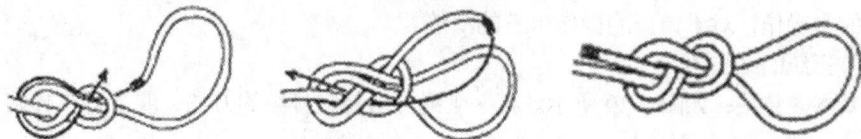

（a）在绳索中部打个"8"字结　（b）顺着结目从反方向穿过绳索的末端　（c）用力紧结目

图4-19　双重"8"字结（结法2）

六、绳结之王——布林结

1. 多用途的布林结

和户外运动的许多活动一样，第一个学的结绳法就是布林结的打法。刚开始很难打好，纵使了解了"小兔子"的故事，也有样品可供参考，但还是禁不住要问："这个结到底要怎么打？"

布林结，又叫"称人结"，在日本被称作"船缆结"（亦称帆索结），称它为"布林结"，源于英文中"BOW"的含义是"船首"，因为将升起桅杆的结索绑在船首旁而得名。而取名为"船缆结"，是由于此种结法用于船停泊时将船系在椿子上或将船连接在一起。

布林结被称为绳结之王，以在世界上最受欢迎的结绳法而广为人知。不管是上山或是下海，各项的体育活动，甚至各行各业或是在日常生活当中，都能频繁的用到。它的用途广泛，只要好好的下工夫，便能够应用在各种场合。

2. 布林结被称为绳结之王的原因

有一本书中说："如果把你丢弃在一个无人岛，而只能给你选一个结绳法时，你应该选择布林结。"所以说布林结是一种相当受人信赖，也非常有用的绳结。

布林结是在当绳索系在其他物体或者在绳索的末端结成一个圈时使用。尽管其他多的结法也可使用在上述的用途中，但布林结使用广泛，下述的特征即可说明。

宜解宜结——布林结的构造非常简单，很轻松地一下就可打好。此外，悬挂过重的物品时，即便打结处变紧，也可以容易地解开。

安全性高——无论悬挂多重的物品，也不用担心结会松开。它甚至可承受一个人坠落的重量。

用途广泛，变化多端——仅仅使用一个布林结，就可以应付各种状况。另外，以此种结法为基本，衍生出各种不同的变化，使得它使用的范围更加广泛。

因此，我们把布林结叫做绳结之王。特别对于以大自然为领域的户外专家而言，布林结可说是必备的结绳法了。拓展训练具有户外运动特征，这使得布林结成为最受拓展教师青睐的绳结。

3. 布林结的多种变化结法

布林结有许多的结法，我们最好能将每种用法都灵活运用。如果只记得一种结法，就会在关键时刻捉襟见肘乃至造成严重后果。因此，我们要依照状况，选择最适合的绳结来打，这正是我们要学习布林结的意义所在。

以下要介绍的是布林结的各种打法。当然，粗略的演练结法是很重要的，但如果能到野外去实际演练，边试边学是再好不过的了。如此一来，在何种情况下要使用哪种结法，就能够亲身体验了，不同的需求决定使用不同布林结结法。我们不仅要把结绳法当做一个知识而已，还要切实的去操作，对于错误的操作再三的演练。

（1）正统的结法

最基本的结法，如图4-20所示。打一个绳环后将它打结的方法，要了解布林结，此为最基本的结法。

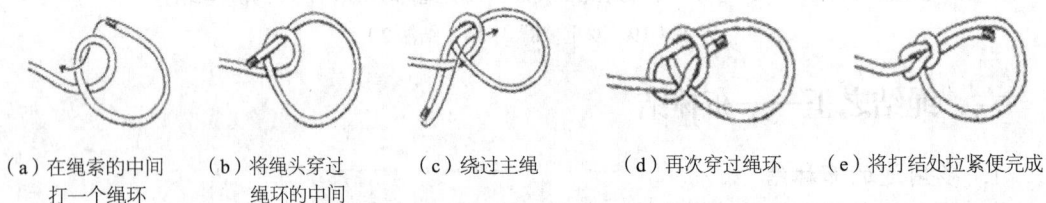

(a) 在绳索的中间打一个绳环　　(b) 将绳头穿过绳环的中间　　(c) 绕过主绳　　(d) 再次穿过绳环　　(e) 将打结处拉紧便完成

图4-20　布林结的正统结法

这种结结实与否，大家可以自己检验，不过它有一个致命的弱点，第（c）步中，如果主绳没有打弯而是直的，那么这个结就成了一个可移动的结。

（2）用双手来结

使用双手结布林结迅速敏捷，以下是在垂下的绳索末端上打一个布林结，如图4-21所示。

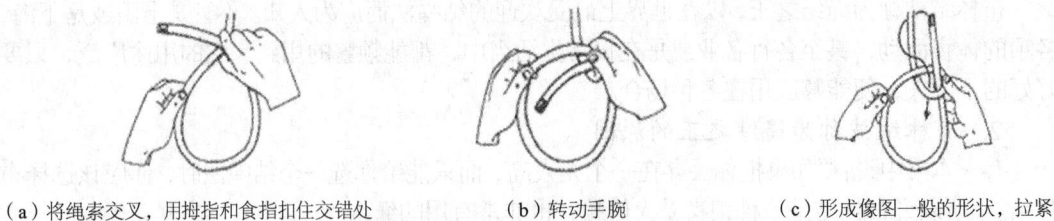

（a）将绳索交叉，用拇指和食指扣住交错处　　　（b）转动手腕　　　（c）形成像图一般的形状，拉紧

图4-21　布林结（双手打）结法

（3）单手结绳的情况

在不得已情况下，需用单手结绳的方法，如图4-22所示。举例来说，落入海中的人以一只手抓住救命的绳索，同时需要用另一只手将绳索结到腰上。就拓展训练来说，在野外参加山野活动时，将绳索系在安全吊带上，或是直接将自己缠住固定起来时经常使用到，因此单手结绳是更具有实用性的结法。

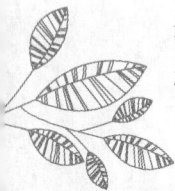

（a）用右手握住绕过身体腰部的绳索末端

（b）交叉绳索

（c）反扭手腕绕过

（d）形成右手在绳环内的形状

（e）用手指头将绳头绕至主绳上

（f）抓住绳头直至右手从圆圈中抽出来为止

图 4-22　布林结（单手打）结法

（4）调整绳环大小的方法

此种能够简易地调整圆圈大小的结法，如图 4-23 所示，用于自己身上结上绳结的时候。

（a）将原先绕过腰部的绳子形成一圆圈，用左手穿过圆圈并抓住绳子

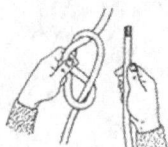

（b）保持原来的姿势，之后把左手伸出来，并取出部分的绳索

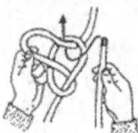

（c）如图所示将绳头穿过去

（d）朝着箭头的方向拉

（e）左手握原来的部分；右手握住前端，稍微的拉一下。调节大小之后，最后再用力地拉紧（结到其他物体上的方法）

图 4-23　布林结（调整绳环大小）结法

（5）结在其他物体上的方法

如图 4-24 所示，接在其他物体上的布林结结法多用在将布林结系在树上或柱子上，尤其对露营有许多益处，希望大家一定要学习它。

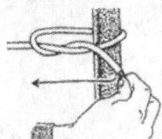

（a）用单结将绳子绑在物体上

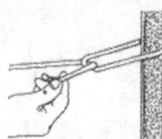

（b）拉住绳子的末端用力的朝着手腕方向拉

（c）如此一来就形成如图所示的形状

（d）将绳尾绕回主绳

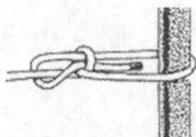

（e）穿过绳环

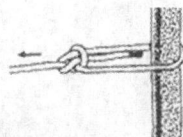

（f）拉紧打结处

图 4-24　布林结（结在其他物体上）结法

技能培养

自学拓展训练中常用绳结的打法，最好学会被称为"绳结之王"的布林结和很实用的"8"字结，如果你能熟练地运用它们，那可是一件值得庆贺的事情，至少在露营活动空闲时的绳结比赛中，你不至于总为落后表演节目而悲伤。

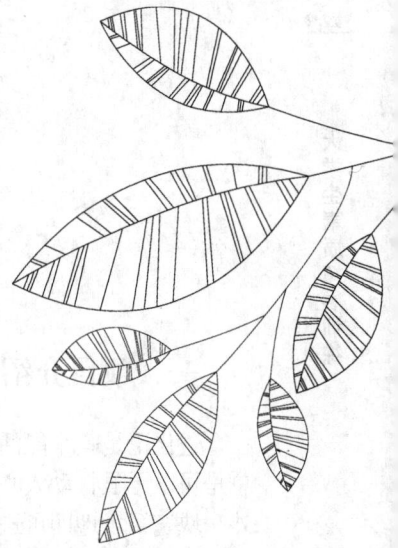

第五章

破冰项目

第一节　融冰类

进化论

一、项目介绍

进化论是一个能活跃气氛、消除陌生情绪的项目，竞争形势下的交流，来得激烈和刺激，总是可以无限打动人心、调动激情。项目挑战人数不少于 5 人，时间 15 分钟左右。在室内或室外一块宽阔场地即可进行拓展训练。

二、学习目的

（1）训练学生与陌生人交流、迅速消除陌生情绪、隔阂状态。

（2）训练学生观察、分析，提升积极氛围的能力。

三、布课过程

（1）在这个项目中，每个人要按照进化顺序扮演几种物种，鸡蛋—小鸡—凤凰—猩猩—人类，进化的方式：（猜拳）石头、剪刀、布，一局定胜负。

（2）首先，每名学生都是生物链最下端的鸡蛋，两两进行猜拳，获胜者进化成小鸡，再与其他小鸡猜拳，还是鸡蛋的继续跟鸡蛋猜拳；然后小鸡跟小鸡猜拳获胜的进化成凤凰，输了的继续找同类进化，以此类推，直至进化成人类。

（3）每一个物种都有特定的造型。

鸡蛋的造型：一脚在前一脚交叉在后，双手交叉，手心朝外高举在头顶。

小鸡的造型：半蹲，两胳膊为小鸡的两翅膀不停的展开。

凤凰的造型：右手在头前方呈兰花指，左手在后为尾巴左右煽动，一前一后。

猩猩的造型：两手握拳，放于头上方。

人类的造型：摆一个很酷的造型，最能表现自己个性的动作。

（4）最后肯定有学生不能完成进化到人类的阶段，可以通过其余学生的决议让其表演一些节目，既作为"惩罚"，又可活跃气氛。

四、项目控制

（1）只有同类之间才可以通过剪刀石头布来进化，即鸡蛋找鸡蛋、小鸡找小鸡、凤凰找凤凰、猩猩找猩猩进化，以此类推，直到完全进化成人类。

（2）进化是一级一级的，不可跳跃进化，更不允许不通过剪刀石头布，直接自我进化。

（3）在项目进行过程中，最容易发生的就是长时间未进化的鸡蛋一着急，就变成凤凰了。教师要注意监控，这种鸡蛋抓到就地"镇压"，给大家表演节目。强调一下，允许检举揭发。

（4）遵循"友谊第一，进化第二"的原则，不要为了进化而伤害到同类。

五、分享、回顾与总结

（1）主动和陌生人相互沟通有什么样的障碍？如果已经有了沟通的方式，会不会变得较为容易？

（2）在有些激烈以及混乱的环境中，有没有记住几个新朋友的面孔？即便不知道姓名，但游戏结束后看，至少有了进一步沟通的基础。

（3）不断变化对象对沟通有力，还是以小范围的人为对象对沟通更有利？为什么？

（4）这个项目其实主要是用来活跃气氛，消除初期见面的隔阂。

（5）项目进行中，教师应鼓励大家尽可能地与更多人猜拳，这样有利于大团队氛围的形成。

（6）教师应注意提醒各个进化阶段的学生一定要辅以动作表现，主要是为了使学生放开自己，那么再和其他学生沟通时，会显得更加自然顺畅。

（7）教师对最后没有进化成功的学生不要过分为难，如果其余学员提出的要求不过分，可以适当进行修正，但注意需要引导式修正，不能生硬地拒绝其余学员的意见，这样可能会把刚刚调动起来的气氛给破坏掉。

风采派对

一、项目介绍

人与人之间相处需要一些话题来交流，进而维系这种关系，这些话题都需要人们留心去寻找。这个游戏就为学生提供了这样一个机会，帮助学生展示自我风采、相互之间可以得到进一步了解，以便增进交流。项目挑战人数不少于 5 人，时间 10 分钟左右。在室内或室外一块宽阔场地即可进行，每人发一张纸和一支粗记号笔，透明胶带。

二、学习目的

（1）锻炼学生建立新团体的能力。

（2）培养学生之间的交流。

（3）培养学生选择获得信息途径的判断力。

（4）鼓励学生展示个人特长。

三、布课

（1）教师问学生一些有关个人的问题，随机排列在一张大纸上，挂出来展示给学生。例如，"你最爱吃什么？"、"你的宠物最讨人喜欢的地方在哪里？"、"你读过最好的书是哪本？"、"你一直喜爱的演员是谁？"等。

（2）发给每位学生一张纸和一支粗记号笔，请他们把名字写在纸的顶端，然后写下其中两三道问题的答案。

（3）然后用透明胶把每位学生的纸贴在肩头，这样每个学生就把自己的一些信息公开出来了。

（4）教师请学生全体起立，在房间内自由走动，互相认识。鼓励学生探讨对方的答案。

四、项目控制

（1）当学生起初无法快速与他人交流时，要适时介入引导。

（2）观察每一名学生，控制不要有被"冷落"了的学生。

五、分享、回顾与总结

（1）你对这种打破僵局的游戏有何感想？你喜欢这种游戏吗？

（2）现在假设我们已经玩过一遍这个游戏了，如果再玩一次，你想知道哪方面的信息？

（3）这个游戏的关键在于掌握时间，否则会破坏原有的和谐气氛，让学生觉得无话可说。

（4）这个游戏的意义在于，鼓励学生通过找到自己与他人的共同之处，从而顺利交往。一般情况下是人们共处一室很久，也不见得真正了解彼此，甚至连基本情况不能完全了解，这不能不说是一种失败。作为培训课程，就要帮助学生克服这个弱点，鼓励他们敞开心扉，主动了解别人。

（5）通过与人交往，获得休想获得的信息，是对一个人交往素质的考验。从这个游戏中，你可以得知对方的基本情况，那么你就要尽力去挖掘更深层次的信息。当然，也要把握分寸，不能问过于隐私的问题，否则会惹人反感，造成交流的负效果。

（6）教师应提醒学生如何使自己更容易被他人记住，请学生发挥创意展示自己最特别的一面。

同心杆

一、项目介绍

这是一个考察团队同心协力寻求解决问题办法的项目体验。在所有学生手指上的同心杆将按照教师的要求，完成一个看似简单但却很难完成的项目。此活动深刻揭示了团队内部的协调配合问题。项目挑战时间 30 分钟，挑战人数每组 14～20 人，室内或室外空旷场地均可，使用 4 米长的轻质 PVC 杆或竹竿，或充气的长棒或用报纸卷成长杆作为道具——同心杆。

二、学习目的

（1）如何找出正确办法来处理工作中出现的问题。

（2）个人与团队的关系，如何处理好自己在团队中的作用。

（3）提高学生在工作中互相配合、互相协作的能力需要好的方法基础。

（4）统一的指挥和所有学生共同努力对于团队成功起着至关重要的作用。

（5）高效团队的一个重要特征就是团队制度和团队文化的健全。

三、布课

（1）全体学生伸出右手，掌心向侧，用食指水平托在杆下。

（2）在手不离开杆的情况下将杆从眼睛（眉毛）的高度降到膝盖的高度。

（3）注意不要挥舞玩耍竹竿，以免伤到队友。

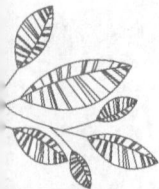

四、项目控制

项目布置阶段:

(1)布置完任务后,教师一定要手握杆,暗自用力保持杆的高度,防止只有几个学生将手放在杆下时杆就会上升。

(2)大家都放好后,可以问一下任务要求。确认都知道杆向下后再开始行动,此时教师将手松开,这时杆一般会向上而非向下运行。

小贴士

杆的运行路线超出大家想象将会给大家对体验学习的认识产生冲击,从而关注这种"不同寻常"的学习。

项目挑战阶段:

(1)超过 8 人次离开杆可以终止此次挑战,让大家讨论后再次进行挑战。

(2)过程监控适当严格,有利于大家开拓思路,高效率、高质量。

五、分享、回顾与总结

分享、回顾:

(1)大家都在尽力做,最初的结果反倒是与愿违,竹竿不仅不向下行反向上行,为什么?

(2)在团队中,如果遇到困难或出现问题,很多人马上会找到别人的不足,却很少发现自己的问题。

(3)当有人指挥并且平静心态后,同心杆可以略微下降,但失误不断发生。

(4)每个人都在不同的点拖住杆,虽然可以下降但效果不显著,此时大家的心态如何?

(5)有人提议手并在一起,你当时的感觉如何?

(6)随着练习的深入,大家逐渐开始尝试着抓住托杆人的手,将一只手臂垫在托杆的手下等过程,把各自努力变成人员的整合,你觉得进步的动力来自哪里?

(7)在托杆人手指上的杆旁边加上一个平行的物体,以此控制手向上造成的不同步,我们可以认为这是制度的产生,在限制不同步用力的同时,也确保不同人员更换时的完成能力,你对此有何感悟?

小贴士

团队成长不仅仅是团队成员在各方面的成长,也是团队本身制度与文化的成长,团队不仅仅是一个人概念,也是一个实体。

(8)你怎么理解"成功找方法,失败找理由"?生活中有哪些地方可以由此得到启发?

(9)在满足手必须托在杆下的要求时,为什么会有人将手放在杆上?你认为这样完成可以吗？不可以是为什么？

总结：

根据项目挑战时，学生的不同表现，可以将大家分为以下几类。

埋头苦干型——只顾埋头苦干，不论竹竿上下手都不离开杆。

忘我监督型——质问别人，你们为什么向上？其实他自己也在向上。

任务目标型——将手停在半空，惊奇地看着周围发生的一切。

领导潜质型——安抚他人并想办法指挥。

牵手结

一、项目介绍

这个项目的名称叫牵手结，如图 5-1 所示，也叫解笼，这是一个以团队挑战为主的团队共同挑战型项目，它考验从纷乱的活动中找出头绪，理清思路的能力，同时，逆向思维也是一种很重要的做事能力。项目挑战人数以 10 人以上为宜，挑战时间 40 分钟，室外或室内外一块相对平整的空地即可，无需道具。

图 5-1　牵手结

二、学习目的

（1）让学生体会寻找解决团队问题的方法有重要价值。

（2）团队的领导艺术与专家型领导的产生对完成任务的重要作用。

（3）突破惯性思维，学习逆向思维。

（4）永不放弃坚持到底的团队精神和充满信心的态度对完成任务的作用。

三、布课

（1）做简单的热身活动（可以做勾肩搭背操），重点做肩臂部位关节的活动，可以用手臂波浪和轮流转身活动。

（2）所有学生肩并肩站成一个面向圆心的圆圈。

（3）学生先举起左手，去握住与你不相邻的人的左手。

（4）再举起你的右手，去握住与你不相邻的人的右手，并且不握同一个人的手。

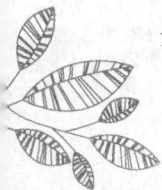

（5）下面你们面对一个复杂的乱网，要求团队成员共同努力，将其解开，整个过程不的松手用于解开绞锁的手臂。

小贴士

当出现反关节动作并且学生感觉痛苦时，可在手保持接触的情况下松缚调整后再握紧，相信在这种情况下一定能解开，要不怕失败不断总结经验。

（6）完成两三个回合，要求学生按照不抓相邻和同一个人的手的情况下，排列出最简单的解开组合。

小贴士

尝试人数为奇数时出现的结果以及不分左右手出现的结果。

（7）一定要做关节操热身，并要求学生摘除戒指、手镯、手链等物品。

（8）在学生出现反关节动作并且感觉痛时，不得强行拧转。

（9）注意在跨越学生手臂时不要用膝盖和脚碰到其他学生的面部。

四、项目控制

项目布置阶段：

（1）讲解清楚、把握气氛、尽量让学生以积极的态度对待该项目的严峻挑战。

（2）讲解安全要求并摘除手上佩戴的物品。

项目挑战阶段：

（1）第一次抓手时要仔细检查，确保没有抓到与自己相邻的和同一个人的手。

（2）在解开的过程中任何人不允许将手松开以达到解开的目的。

（3）在移动换位时注意不要扭伤学生手臂。

（4）逆向编排时仔细观察学生是否符合规则要求。

（5）让一部分人变为哑人，只有一位指挥者是正常人，或全部都是哑人的情况。

（6）和其他队伍进行快速完成项目的挑战。

五、分享、回顾与总结

（1）组织大家围坐在一起，鼓励每一个学生都谈谈自己的感受，一个解决问题能力很强的优秀团队，在整个团队攻坚的过程中，体会"态度决定一切、想法决定未来"。从刚开始的混乱无序和游戏心态，到大家都全身心地投入、认真思考、参与团队任务的解决，使我们获得成功。

（2）在活动中的沟通对于完成任务的作用，沟通困难时不仅会影响效率而且也影响士气。

（3）这是一个需要不断调整的项目，高效的执行力是团队成功的关键，比如：美国 GE 公司就拥有很强的执行力，决策层的一个文件会在短短的 3 天内让全球 40 多万名员工都熟知，并深刻领悟执行。

（4）领导与追随者之间的互动是成功的必要保证。

（5）认真投入态度、善于聆听、服从意识是团队顺利完成任务的根基。

（6）突破惯性思维，通过现象寻找本质规律。

（7）个人目标与团队目标的关系，在一个团队里，每一个部门不仅要认真做好自己的事情、业务，还要放眼大局明确整个单位公司的愿景和目标，才能使各个部门协调合作，充分交流沟通，而顺利成功。

（8）个人智商与团队智商、逆商与成功的关系。

小贴士

我们在局部运行良好的方法规律，扩大到较大的团队中时却不能顺利扩展到整个团队，在一定范围内，一定的时空中，它或许是较好的方案和假象规律，却不是整个系统中的最佳方案，这就要求我们有能力透过复杂的现象和假象规律，去寻找最最本质的规律，这才是一个团队在无限放大时，仍能够顺利高效运转的法宝，这些东西可能是企业文化，也可能是先进的管理模式，也可能是其他。

第二节　活跃气氛类

集中精神

一、项目介绍

这是一个培养学生集中精神，排除干扰能力的项目，如图 5-2 所示。挑战时间 10 分钟，人数不限，在室、内外一块平整场地即可，无需道具。

图 5-2　集中精神

二、学习目的

（1）训练学生集中注意力、排除干扰的能力。

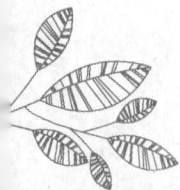

（2）活跃气氛，消除陌生感，拉近学生间的距离。

三、布课

（1）所有学生围成一个圈，将双手分别搭在左、右边人的肩膀上。

（2）教师给一个数字，比如13，则全体成员一起做13个"蹲起"，同时齐声喊"集中精神"，每一做个"蹲起"喊一遍"集中精神"。

小贴士

学生只可以喊"集中精神"，不可以数数。

（3）项目挑战开始前，每名学生去除掉所佩戴硬物，避免伤及他人。

（4）项目挑战个数完成时，注意避免因部分学生继续做"蹲起"，而带倒两边同学，同时防止挤压。

四、项目控制

（1）确保学生了解项目要求及规范。

（2）教师心中默数学生做"蹲起"的个数，同时注意学生安全。

五、分享、回顾与总结

（1）是否每个人都只顾做自己的、喊自己的以及数自己的？

（2）如何在确保自己所做"蹲起"个数正确的前提下，帮助整个团队其他队友也能正确完成？

（3）有时候眼神交流也是除语言外一个很有效的交流方式。

（4）做到"一心几用"。

五毛一块

一、项目介绍

五毛一块是一个开心的益智游戏，突然的混乱之后有序的组成规定的"钱数"，足以让每一位参与者快乐的玩、舒心的笑。项目挑战时间30分钟，人数10人以上为宜。室内或室外开阔地点即可进行，无需道具。

二、学习目的

让学生快乐体验并达到热身的作用，同时锻炼快速分析和整合身边资源的能力。

三、布课

（1）分析一下男女比例，如果男女比例差别很大，让性别少的一方坐"一块"，例如女生代表"一块"，男生代表"五毛"，也可以让男女生自己选，一般大家都愿意选择"一块"。

小贴士

当男女悬殊特别大时，可以依据服饰、佩戴饰品等外在显而易见的差异来区分"五毛"和"一块"；若采用服饰或佩戴饰品来区分时，应注意控制学生不要偷偷改变自己的服饰或饰品。

（2）听到教师或指定人员喊出的钱数，迅速组成规定数目。

小贴士

在教师布课完毕后可以立即演练一遍，并确保所有学生明白规则。

（3）提醒大家不要撞在一起。

四、项目控制

项目布置阶段：

教师布课时，站在学生中间，学生围成一个圈，有利于后续项目开展，且教师对每名学生也是平等授课。

项目挑战阶段：

（1）随着游戏的练习可以增加难度，每次组成的组合中必须有异性。如"两块五"，可以由两个女生（一块）一个男生（五毛）、一个女生和三个男生组成。

（2）在喊数时可以让大家按照一个圈走、跑或做简单的热身活动。

（3）喊数要大声清晰，重复几遍。喊数可大可小，如果性别差异大，最好不要喊"一块五"，一般将大家分成5～10组比较好。

（4）落单的人表演节目，组错"钱数"的小群体作为组合表演节目。

（5）表演节目时给1分钟商量，表演个小节目即可，教师把握，不要占用太多时间，或者制定个规则最后表演，如没有成功组团超过3次以上者最后在一起表演节目等。

五、分享、回顾与总结

（1）本项目操作中最关键的是报数字的技巧，数字既要符合团队人员的配比，又要有一定的新奇性。甚至可以喊"一块五"或者超过总人数一半以上。

（2）制造混乱局面但不是胡乱喊数，切记"形散而神不散"。

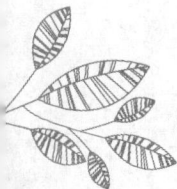

找伙伴

一、项目介绍

利用中国传统的 12 生肖来将大家分成不同的组别，加强人与人之间的沟通，提高学生利用其肢体语言的能力。项目挑战时间 15 分钟，人数 10 人以上为宜。室内、外开阔地点即可进行，无需道具。

二、学习目的

（1）大家互不熟悉时加强沟通。
（2）活跃现场气氛。

三、布课及安全

（1）教师要求所有的学生报出自己的生肖，但只许用动作或者叫声，任何人类的语言都不能使用，同时要求所有生肖相同的人站到一起。
（2）让每个人说出自己的生肖，看看谁站错了位置。
（3）组与组之间按照成语合并，如鸡飞狗跳、龙马精神、龙腾虎跃等，与其他组合并最多的组获得最高分。

四、项目控制

（1）项目开始时，规则执行要严格，不允许任何人说话，犯规者重罚。
（2）防止学生在活动过程中拉扯受伤。

五、分享、回顾与总结

（1）以 12 生肖分组意义何在？是否会让人感觉亲近？
（2）如何将自己的意思通过肢体语言传给大家，在传达的过程中，你学到了什么？
（3）马斯洛的需求层次说将人的需求分为 5 个层次：生存，安全，归属感，受到尊重，自我实现。这 5 个层次依次升高，前面的层次为后面的基础。其中的归属感是指人生活在社会中总是要将自己归类于某个群体，才能在心理上感觉到踏实，不被人遗忘。把人按生肖分组的意义就在于此。
（4）用肢体语言进行沟通有很大的困难，彼此之间就需要更多的耐心和交流，从而更加强了人与人之间的沟通。

情感病毒

一、项目介绍

情感是人与人交往中的重要因素之一，强烈的感情尤其是负面的情绪会在人与人之间有如病毒一样传播开来，这个小游戏可以方便快捷地说明这一点。项目挑战时间5分钟左右，人数10人以上为宜。室内或室外开阔地点即可进行，无需道具。

二、学习目的

（1）培训学生沟通的技巧。

（2）帮助学生舒缓压力，培养提高工作效率的技巧。

三、布课

（一）第一轮

（1）游戏开始前，所有人围成一圈，且要闭上眼睛，教师在由学生组成的圈外走几圈，然后轻拍一下某个学生的后背，确定"情绪源"。

（2）让学生们睁开眼睛，并告诉他们现在是一个鸡尾酒会，他们可以在屋里任意走动交谈，和尽可能多的人交流。

（3）情绪源的任务就是通过眨眼睛的动作将不安的情绪传递给屋内的其他3个人，而任何一个获得眨眼睛信息的人都要将自己当做已经受到不安情绪感染的人，一旦被感染，他的任务就是向另外3个人眨眼睛，将不安的情绪再次传染给他们。

（4）5分钟以后，让学生们都坐下来，让情绪源站起来，接着是那3个被他传染的，再然后是被那3个人传染的，直到所有被传染的人都站了起来，你会惊讶于情绪传染的可怕性。

（二）第二轮

（1）教师告诉学生们，你已经找到了治理不安情绪传染的有效措施，那就是制造快乐源，即用真挚柔和的微笑来冲淡大家因为不安而带来的阴影。

（2）择一个同学作为快乐之源，并通过微笑将快乐传递给大家，任何一个得到微笑的人也要将微笑传递给其他3个人。

（3）在学生的身后转圈，假装指定了快乐之源，实际上你没有拍任何人的后背，然后让他们睁开眼睛，并声称游戏开始。

（4）自由活动3分钟，3分钟以后，让大家重新坐下来，并让收到快乐信息的同学举起手来，然后让大家指出他们认为的"快乐情绪源"，你会发现大家的手指会指向很多不同的人。

（5）教师微笑地告诉大家，实际上根本就没有指定的快乐情绪源，是他们的快乐感染了他们自己。

四、项目控制

两轮游戏情绪源的确定不一样，第一轮时要指定一名"情绪源"，但尽量不要让第三者知道"情绪源"是谁，第二轮时要假装指定了快乐之源，但实际上并没有拍任何人的后背。

五、分享、回顾与总结

分享、回顾：

（1）不安和快乐哪一个更容易被传染些？在第一轮中，当你被传染了不安的情绪，你是否会真的感觉到不安，你的举止动作会不会反映出这一点？第二轮中呢？

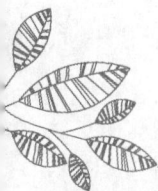

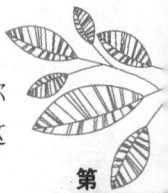

（2）在游戏的过程中，因你有别人要传染给你不安的预期，导致你真的开始不安，同样你想让别人对你微笑促使你接受和给予微笑。同样，在日常的生活和工作当中，你是否会遇到这种事情？

（3）在一个团队里面，某个人的情绪是否会影响到其他人，是否会影响到团、队的工作效率？为了防止被别人的负面情绪所影响，你需要做什么？

总结：

（1）科学实验证明，当妈妈的表情呈现出痛苦的样子时，大多数的婴儿都会变得不安，进而哇哇大哭。就如在实验中所指出的人的情绪是会传染的。

（2）对于一个管理者来说，长年保持一张扑克脸，很容易在办公室里面形成一种郁闷、压抑的气氛，从而不利于员工的正常发挥，影响公司的业绩。对于一个雇员来说，长期的阴沉情绪会让别人对你敬而远之，包括你的上级和你的升迁机会，所以保持一个健康的心态，时常以一个轻松快乐的面孔对人，对于职场中人是至关重要的。

（3）经常去一些快乐的地方，舒缓一下自己紧张的情绪，你会发现微笑其实很简单。

第三节　沟通类

翻树叶

一、项目介绍

参加项目的学生都必须站在教师指定大小的塑胶帆布上，然后需要将塑胶帆布翻过来。整个项目操作过程中所有学生均不得接触地面，必须在塑胶帆布上。项目挑战时间 20 分钟左右，人数 5 人以上为宜。室内或室外开阔地点即可进行，道具：塑胶帆布。

二、学习目的

（1）提高学生的开放能力，打破学生间的隔阂。
（2）培养全体学生的协作能力和团队精神。
（3）培养学生时间管理和应对危机的能力。
（4）培养危机意识和解决问题的能力。
（5）提升对自己的认识和团队的作用的认识。
（6）提高安全意识，培养乐观心态。

三、布课

（1）参加游戏的人都必须站在塑胶帆布上，然后需要将塑胶帆布翻过来。
（2）所有人都必须站在叶子上（包含讨论），只要有人的身体任何部分碰触到地面就要重来。
（3）帆布面越小越难，可计算难度系数。
（4）有条不紊的讲解，及时反馈，确保学生了解任务要求。
（5）观察学生整体倾斜与个别出现违规。

（6）团队即将倾倒时候，可以适当提示稳定技能，如不要所有的人都单脚站立，可以脚交叉分腿站立。

（7）强调学生在项目实施中注意安全，不要踢伤"翻树叶"的队友，确保学生安全。

小贴士

学生轻易完成之后，可以换更小的帆布或者让更多的人加入尝试；也可以设定每隔一定时间就有一个人中毒，自行设计变聋或者变哑。

四、项目控制

项目布置阶段：

（1）根据人数多少给予大、中、小的塑胶帆布。

（2）活动要求地面平整开阔，两米范围内没有硬物。

项目挑战阶段：

（1）尽量避免学生踩在队友的脚上保持平衡，坚持不住的学生要及时报告。

（2）活动之初要严格要求，学生在"翻叶子"的时候手指触地要重新开始。

（3）控制活动的难度，尽量让学生经过艰难的努力后完成项目。

五、分享、回顾与总结

分享、回顾：

（1）我们怎么办到的？在过程中听到什么？有何感受？

（2）各位觉得叶子像什么？而整个过程又是什么？

（3）在生活中有无类似感受？

（4）从过程中你学到什么？

（5）让每一个学生简单地说说自己的感受，对完成任务的关键学生、其他学生的角色和分工适当简单回顾。

（6）团队中的决策与执行情况怎么样？是否出现过忙乱的过程？执行中是否所有学生都领会了要求等。

（7）翻叶子的人如何完成传帮带的工作？

（8）当个人感觉不平衡时候，整体却处于平衡状态，而个人想调节平衡时候，团队立刻开始失衡。如何调整个人与团队的平衡，生活中的类似情况是怎么样的？学生如果不能举例，教师可以举例分析。

（9）可利用资源是什么？时间、帆布、人体、才智？如何更好地利用这些发挥他们的价值是完成项目最重要的一环。

（10）人比较多的时候，如何排列？是从中间开始站还是从某一远离翻点的大方开始密集。为什么？

总结：

（1）分享"瓶子里先装石头，再装沙子，最后装水。"的故事。

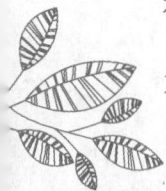

（2）生活中很多重要的事情都有困境到顺境的转变，想想"塞翁失马"的故事，积极的生活态度也许会让我们更加开心。

炸弹危机

一、项目介绍

通过将团队置于一种"危险的境地"中，可以有效加强团队合作精神，激发团队的创新潜力，提高团队解决问题的能力，有助于团队建设的形成。而沟通的方法和技巧，永远是这类设计的主题。项目挑战时间 15 分钟左右，6 人一大组，两人一小组，每大组包含 3 个小组进行竞争。室内或室外开阔地点即可进行，道具：围圈得长绳、水杯每个小组一个、用来夹水杯的塑料夹，每组一个。

二、学习目的

间接沟通、团队协作、竞争激励。

三、布课

（1）将所有学生分成 6 人一组的团队；每 6 人的队伍再分成 3 个两人小团队进行竞争。

（2）用长绳设定活动范围，围成一个圆圈。

（3）两人小组中其中一名戴上眼罩，作为"拆炸弹"任务的直接实施者；而另外一名学生作为场外指导，只能用言语给同伴进行提示。

（4）戴上眼罩的实施者在活动中不能离开绳圈；场外指导的学生则不能以任何身体行动进行帮助，只能用言语进行间接帮助。

（5）实施者使用工具在绳圈中取下固定好的纸杯，并且需要将纸杯移除绳圈；纸杯中装了一定量的水，水若洒出，则任务宣告失败。

（6）游戏时间规定为 5 分钟，以 3 小队中最先完成任务者为胜利方。

四、项目控制

（1）项目开始时，规则执行要严格，犯规者重罚。

（2）防止戴眼罩的学生在活动过程中摔倒受伤。

五、分享、回顾与总结

分享、回顾：

（1）小组的 2 人合作是否顺利？如何消除固有的障碍实现快速有效的沟通？

（2）蒙眼的实施者面临的最大困难是什么？

（3）指挥者有哪些技巧可以借鉴？引申到实际生活中，是否可以同样借鉴？

（4）这项活动与现实中哪些情况类似？可以拓展的思路有哪些？

（5）交流中，哪些方面是最重要的因素？如何提高这方面的能力？

（6）其他组产生的干扰因素有哪些？是否可以克服？

（7）个人潜力如何完美应用于团队？

总结：

（1）这是典型的以游戏反映大道理的例子，互相合作在非常多的现实场景中出现，但信息的阻断也是常常伴随在其中。

（2）注意宣布游戏时，可以适当制造一些紧张的气氛：如炸弹将在 5 分钟内爆炸，并且炸弹数米内布满了伤害人视力的紫外光线。

（3）游戏进行时，要注意关注一起参与活动的几个人不要互撞受伤。同时，注意水不要洒到身上。

盲人摸号

一、项目介绍

对于管理人员和销售人员来说，用语言、表情甚至眼神沟通并传递信息都不是难事。现在，这个游戏却要打破常规，制造一些限制条件来训练学生的沟通的能力，并让他们体会改变自己已适应的环境和条件的限制会是怎样。项目挑战 14～16 人一组，挑战时间 30 分钟，室内或室外开阔地点即可进行，道具：眼罩及号码纸。

二、学习目的

（1）学会以良好的心态去适应环境。

（2）进行有效的沟通。

三、布课

（1）给学生戴上眼罩。

（2）发给每一个号码，这个号码只有本人知道。

（3）让学生根据每人的号码，按从大到小的顺序排成一列。这个过程中任何人都不能说话或发出声音，如果有人摘下眼罩或说话，游戏即告失败。

四、项目控制

（1）项目开始时严格执行规则，犯规者重罚。

（2）设置一两名安全员兼观察员，一方面保护戴眼罩的学生们的安全，另一方面协助教师记录学生们的挑战过程，以备后续的分享回顾环节。

五、分享、回顾与总结

分享、回顾：

（1）你是怎样与其他成员交流的，在沟通中你们遇到了什么困难，是怎样解决的？

（2）你是用什么方法得知别人的号数和位置？

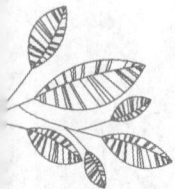

总结：

（1）一般的沟通训练往往只注重现实环境，培训人们的语言技巧。但当环境有限制时，不要只顾着抱怨，而应积极地想办法解决问题。

（2）由于限制了学生的条件，所以他们想要解决问题就必须密切配合。他们不仅需要关心自己的号码，还要知道自己以及别人所处的位置，特别是邻号的人的位置。对于被蒙住双眼，又不能说话的人来说，这确实是一项挑战。

（3）可以通过拍掌或在别人手上写字的方法告知他人自己的号数，号码相邻的人渐渐组到一起，最后再连成一线。

第四节　应对类

女皇圈

一、项目介绍

大家在一起通过几轮配合，渐渐协同并能完成任务，同时达到热身的目的。这个活动不能很好地配合会需要较多的体力，只有彼此协作，互相帮助才能节省体力完成任务。项目挑战时间 20 分钟，挑战人数 10 人以上为宜。室内或室外宽阔场地即可，无需道具。

二、学习目的

（1）身体预热与心态开放。

（2）感受彼此依靠的幸福和彼此支持的快乐。

三、布课

（1）所有学生面向圆心，肩并肩站成一个圆圈，手牵手向右转按逆时针方向前进。

小贴士

提醒学生手不能松开，会有学生开始自发指挥缩小圆圈，观察并记录。

（2）让大家停下来，告诉行进的节奏发生了变换，要求走四步后脚并拢跳四步，整齐后才可以停下来。

小贴士

可以提醒大家一起喊口令，最好是"8 拍"节奏，一般走 8～10 个"8 拍"即可。

（3）完成上一轮动作后，要求双手搭在前面队友的双肩上，完成同样的步伐。

（4）完成上一轮动作后，要求右手通过左腋下伸向后，左手抓住前面人的右手，完成同样的步伐。

小贴士

抓手时会出现各种动作，有人指挥但会使出错的人"犯晕"，最好的办法是走过去帮助摆好，如果有这种情况最好记录下来，以备分享时举例。

（5）完成上一轮动作后，要求右手通过两腿间伸向后，左手抓住前面人的右手，完成同样的步伐。

（6）完成上一轮动作后，接下来是最大的考验——女皇圈。

① 挪威女皇在检阅部队时，在湿地上训练的士兵无处可坐，于是彼此互为休息的板凳，达到休息的目的从而创造出了女皇圈。

② 所有人围成一个圈，都坐在后面队友的双腿上，做好后两手侧平举，大家在保持女皇圈不散的情况下，行进一段距离即为完成。只走不跳，可以是 20～40 步，也可以要求转动半圈。

③ 过程中不倒不散，如图 5-3 所示，所有人必须都坐在后面队友的腿上。

图 5-3　女皇圈

（7）项目进行之前要求队员去除身体上佩戴的危险硬物。

（8）询问是否有不便于剧烈活动的学生并安排为观察员。

（9）项目进行中提醒学生注意不要跌倒坐在他人膝关节外侧，这样容易造成膝关节内侧副韧带损伤。

四、项目控制

项目布置阶段：

告诉学生女皇圈是逐步增加难度的，确保每个学生对每个步骤了解清楚。

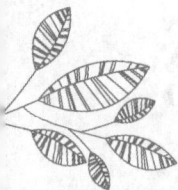

项目挑战阶段：

（1）必须在前一动作完成的情况下，再进入下一个动作，否则一方面学员难以完成，另一方面容易造成学生受伤。

（2）必须要求大家都坐下，可以用语言暗示"如果都坐好应该是不累的"。

（3）确认大家比较认真的尝试后，在适当的时候即可结束。

五、分享、回顾与总结

分享、回顾：

（1）你是否很从容地坐到后面队友的腿上，还是被迫坐在后面队友的腿上？需要坐在异性腿上时，我们是否能以任务为导向，勇敢地坐下去？当前面的队友不敢坐时你是否鼓励他坐下来？如果不能够坐下来总是在你们这里出现队形的松散和跌倒，以至于团队完成任务受阻，有何感受？最后你是如何说服自己和他人完成任务的？

（2）当别人坐在你腿上时，你的感觉如何？

（3）当你支持他人时也在获得他人的支持，生活中有这样的例子吗？

（4）为什么说彼此的信任是完成这类任务的重要因素。

总结：

这是一个略带拘谨特色的活动，在团队"融冰"结束后会比较比较好，如果团队还处于"融冰期"，后半部分活动的效果会打折扣，教师最好适当引导。

给自己订立的合同

一、项目介绍

培训告一段落，帮助学生将所学的知识运用到实际工作中去，也是负责培训的教师应当做的。其实，给自己规定一些要求并以合同的形式约束自己，以帮助自己培养良好的习惯不失为一件好事情。参与人数不限，个人完成，挑战时间5～10分钟，道具：合同格式的表格、信封、胶水、笔。

二、学习目的

（1）针对自制力不强的学生，帮助他们把决心应用到行动中去。

（2）培养良好的生活和工作习惯。

三、布课

（1）在培训的总结阶段，促使学生把注意力放在以下两个方面。

① 将培训所得的新知识、新技能和新态度应用到学习、工作中去的必要性。

② 要成功做到这一点有哪些困难。

（2）介绍一下立一份改变自我合同的优点，以及一份好的合同必须符合哪些条件。

（3）教师发给每位学生一份合同格式的表格，给他们一些时间来填写。

（4）填写完毕后请大家把表格放进一个信封，在信封上写上自己的宿舍号。

（5）把信封全部收上来，告诉他们这些信封将在20之后送还回本人手里。

四、项目控制

（1）引导学生切实地将培训所得应用到学习、工作中。

（2）合同内容要切实、具体。

五、分享、回顾与总结

分享、回顾：

（1）你是否能够坚持自己的计划？在实现这些改变计划的过程中，遇到了哪些阻碍？

（2）为能够成功实现这些计划，你有何准备和步骤。

总结：

（1）认真分析阻碍因素后，应该针对这些不利因素采取措施，如果觉得自己是孤军奋战，可以与培训团队的其他学生组成团队，相互鼓励并定期聚会以检查别人的进度。

（2）如果有些因素是出于自身原因，应该找出来并下决心改正。

（3）顺利实施的另一个保障就是要制定合理的计划，那种超出自己能力范围以外的计划是永远无法实现。例如，让自己在 30 天内减 30 斤，是自己无法实现的，且对身体乃至工作有害。

发明游戏

一、项目介绍

这是一个创新的团队游戏，要求每个团队必需发明一个小型或大型团队游戏，并且需要明确的游戏规则和操作步骤。项目挑战时间不超过 2 小时。

二、学习目的

培养学生的创新思维能力及任务执行能力。

三、布课

（1）每个团队为其他团队设计团队游戏，游戏持续时间不得超过 10 分钟，且必须以书面形式说明。

（2）每个团队用一个小时的时间设计团队游戏并写下游戏说明书，你可以建议把本书中的游戏作为模板来使用。

（3）这些游戏应当即适合玩又适合谈论。

四、项目控制

尽量帮助、鼓励学生打开思维，不拘泥于已有的思维模式。

五、分享、回顾与总结

（1）游戏的是否有效？即是否真正达到了游戏目的，是否具有清晰的游戏步骤和规则。

（2）在开发游戏和练习的过程中，团队成员是如何协同工作的。

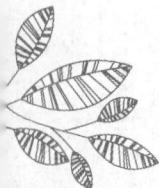

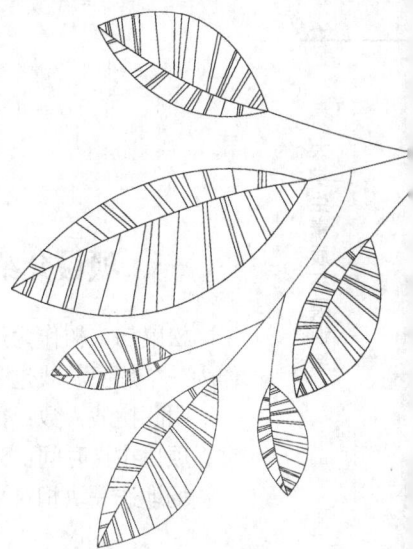

第六章

热身项目

松鼠与大树

一、项目介绍

松鼠与大树作为热身或者辅助项目，能够很好地打破团队坚冰，营造团队气氛，当然仅仅作为一个热身游戏也未尝不可。

团队挑战人数：15 人以上为宜，人数不能是 3 的整数倍，最好是 $3n+2$。项目时间：20 分钟；项目布课时间：5 分钟；项目挑战时间：10 分钟；回顾总结时间：5 分钟。

场地选一块相对平整的空地即可，无需器材。

二、学习目的

（1）团队热身项目，训练学生的反应能力与参与意愿。

（2）通过落单的学生表演小节目，提高他们"开放"的心态。

三、布课过程

（1）介绍活动，边介绍边将学生分成 3 人一组，异性人数超过 1/3 时每组要求必须有异性。两人扮演大树，面对面站立，伸出双手搭成一个圆圈；一人扮演松鼠，蹲在圆圈中间；其他没成对的学生担任一个特殊的角色——魔鬼。

（2）教师对大家发口令，口令有以下 3 种。

第一种口令：教师喊"松鼠"，大树不动，扮演"松鼠"的人就必须离开原来的大树，重新选择其他的大树；魔鬼就扮演松鼠并插到大树当中，落单的人就变成了新的魔鬼。

第二种口令：教师喊"大树……"，松鼠不动，扮演"大树"的人就必须离开原先的同伴重新组合成大树，并圈住松鼠，魔鬼同时快速扮演大树，落单的人就变成了新的魔鬼。

第三种口令：教师喊"地震啦……"，扮演大树和松鼠的人全部打散并重新组合，扮演大树的人可以扮作松鼠，松鼠也可以扮作大树，魔鬼亦快速插入队伍当中，落单的人就变成了新的魔鬼。

注意：更换位置后不能与原来搭档继续组合。

介绍完毕立刻演练 1～2 遍，并问是否明白。

（3）落单的魔鬼表演节目。可以表演同手同脚的道歉操：右臂上举右脚后踢跳起同时喊"我错了"，左臂上举左脚后踢跳起同时喊"我错了"，双臂侧上举双脚跳起后踢同时喊"我再也不错了。"建议大家喊的口号可以自己更改，教师可以演示两遍或者带最初的魔鬼一起做一两次。

小贴士

在布课的时候，根据学生班级团队所处的阶段，可以适当地强调项目的难度以激发学生挑战的激情。同时，表演节目的过程需让表演者放下思想包袱，要能够觉着自己表演是为了让同学们感到快乐，增强团队的凝聚力。

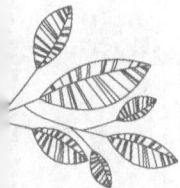

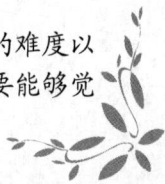

四、项目控制

（1）松鼠跳出洞时不要踢伤同伴。

（2）活动中不要撞伤同伴。

（3）适当提醒学生组与组之间隔开距离，扮演"大树"的学生不要十指相扣。

五、分享、回顾与总结

（1）在这个活动过程当中大家感受最大的是什么？一般是感觉竞争激烈、感觉到变化或者感觉到压力等。

（2）一个人让别人了解自己的途径大概有多少种呢？除了自己主动，或别人主动，还有什么？一般是环境的推动，外界的变化促使自己必须让别人了解你。

（3）在学习、生活之中角色的转变也是经常的，如何才能做到收放自如？在看似混乱的状态下寻找规律，冷静沉着处理变化、分析变化、从而解决出现的问题。

（4）身边的资源最好组合。身边资源被人占去后，如何选择后备组合？有时候目标越简单、越清晰、越直接越好。

六、重点细节

（1）落单魔鬼表演节目时，不要给学生压迫感，尽量鼓励学生，让学生勇于展现自己。

（2）控制项目时间，以做 3 轮为宜，后面几轮可以选择落单的同学来喊口令，提高学生参与的积极性。

小故事

运用智慧

英国皇家海军有一次招考雇员，口试题目为：在一个大风雪的夜晚，你开着一辆车，经过一个车站，有 3 个人在等车。一位是快病死的老太太，一位是救过你命的医生，一位是你梦寐以求的梦中情人。你会载哪一位？说明你的理由。

载老太太，因为救人第一？

载医生，因为知恩图报？

载梦中情人，因为可能一辈子再也碰不到？

200 多位应征者，录取的那位没有申论说明，只有答案："把车钥匙给医生，让医生载老太太去医院，我留下来陪梦寐以求的梦中情人等车。"

几乎每个人都认为这是最好的答案，但是居然没人能事先说出同样的答案。是因为我们思维习惯受限制？还是因为我们把持原有的利益，不愿放手（没想过要放弃自己的车）？1+1>2，可能吗？

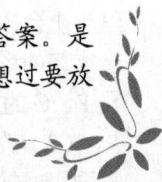

换牌游戏

小故事

短四寸的裤子

小宇明天要参加小学毕业典礼，他高高兴兴地上街买了条裤子，可惜裤子长了两寸。吃晚饭的时候，趁阿婆、妈妈和嫂子都在场，小宇把裤子长两寸的问题说了一下，饭桌上大家都没有反应，饭后这件事情也没有再被提起。

妈妈睡得比较晚，临睡前想起儿子第二天要穿的裤子长两寸，于是就悄悄地把裤子剪好缝好放回原处。半夜里，被狂风惊醒的嫂子突然想小叔子的裤子长两寸，于是披衣起床将裤子处理好又安然入睡。第二天一大早，阿婆醒来给孙子做早饭时，想起孙子的裤子长两寸，马上"快刀斩乱麻"。结果，小宇只好穿着短四寸的裤子去参加毕业典礼。

感悟：沟通不畅不仅不能为团队创造效益，反而会造成管理混乱、使效率降低。一个团队只有进行充分的沟通，在沟通的基础上明确各自的职责，才能搞好协作，形成合力。

一、项目介绍

换牌游戏是模拟在一个团队中，不同层级人员间资料、信息的传递，以及任务的下达、分配，以期达到团队最佳状态的一个项目。

团队挑战人数：14人，分为2队。项目完成时间：30分钟。项目布课时间：5分钟。项目挑战时间：15分钟。回顾总结时间：10分钟。

室内、室外场地均可。14把椅子，扑克牌一副（抽去大小"司令"，一共为52张），笔和A4纸若干。

二、学习目的

（1）通过游戏让学生认识到一个团体中高、中、基层协调配合的重要性。

（2）良好的团队建设，积极有效的沟通是团队良性发展的重要条件。

三、布课过程

（1）教师事先在培训场地上放14张椅子，每7张椅子摆成一个金字塔形状，然后请14名学生上台，7个人为一组，分为两组。按A、B、C、D、E、F、G坐在摆好的椅子上（A坐在金字塔的塔尖，其他按从左至右的顺序坐好。其中A是B、C的上司，B是D、E的上司，C是F、G的上司），同时发给每个人用A4纸裁好的小纸条20张、笔1支、扑克牌4张。

（2）教师宣布游戏规则：项目进行时，不能说话。每个人都只能跟上下级交流换牌，而不能同级或越级交流换牌（如B与C，D与C，A与F）；并且每次只能交换一张牌。在15分钟里通过换牌使得这个组织中的每一个人的牌都换到最优。

游戏的结果可以看看两个小组牌的组合谁最优（先比较牌的组合数的多少，再比较牌组的大小。依照同花顺、四条、顺子、三拖一、对子的大小来组合，如果出现了一副没有一条符合上述标准的最差的牌组，不计算组合数），即为获胜组。

四、项目控制

（1）暑天不要在烈日下进行。

（2）正确快速完成任务的诀窍：由最底层的四个人把自己的信息传给 B 和 C，然后 B、C 连同自己的信息一并传给 A，最后由 A 确定本次项目的牌组目标。

五、分享、回顾与总结

（1）在规定时间内顺利完成任务的关键是什么？

（2）组织中 A 的作用是什么？

（3）游戏中信息交流的方式有什么局限？用来交换的牌到底是什么？对团队管理有什么启示？

（4）基层要尽量反映自己的实际情况、想法，努力按照领导布置的方案实施，但是努力的结果有限。

（5）中层则起到上下沟通的关键作用，如果不能够将 A 的意图、另外两个基层的意见有效地汇总、传递，并加入自己的意见和建议，整个系统还是会失败。

（6）游戏中虽然规定一次只能交流一张牌，但是并没有限制信息交流的次数和内容。作为下属，可以尽量将自己的意见写出来，递交上去；发现没有结果就及时再更新意见，甚至提出需求。

六、重点细节

（1）每个人有 20 张小纸条，应尽量用完小纸条，争取最多交流机会。

（2）中层 B、C 是整个系统的中枢及纽带，要做好连接上、下级沟通和桥梁的作用。

数字传递

一、项目介绍

数字传递又叫驿站传书，这是一个考验团队沟通能力的项目。在活动中，信息传递的准确性和迅速性同样重要，要想成功挑战需要在沟通的技巧上不断训练，如果是在比赛中完成这个项目，它将带给我们更多的刺激与乐趣。

团队挑战人数：不少于 14 人，最好两个以上团队同时进行。项目完成时间：60 分钟。项目布课时间：10 分钟。项目挑战时间：30 分钟。回顾总结时间：20 分钟。室外较开阔的场地，夏天找一个阴凉处也是不错的选择。白纸、笔、秒表。

二、学习目的

（1）感受多环节合作中每一个环节都起决定作用的重要意义。

（2）培养学生突破思维定势，学会逆向思维和创新的能力。

（3）提高学生的统筹策划能力、分工协作能力、牺牲奉献和团队协作的精神等社会适应能力与社会生存技巧。

三、布课过程

（1）在接到数字后，各队学生排成一列纵队，如果有多个队伍，适当保持距离。

（2）队尾的学生将得到一组数字，并将这组数字通过特定的方式传递给前面的学生，然后由前面学生继续向前传，一直到最前面一名学生，并将数字写在教师指定的纸上，看哪个小组传得准，传得快。

（3）传递过程中全体学生不允许说话，后面的学生手臂不能伸到前面学生面前，前面学生不能回头看。

（4）比赛进行三局，正确传递且不超过 5 分钟为有效，均正确传递，则用时短的队获胜，均传错为平局，若平局，则继续加赛一局决出胜负（如果全错全体受罚）。

（5）每次比赛前有 5 分钟讨论，比赛过程违规即宣布失败。

四、项目控制

安全注意事项：

（1）暑天不要再烈日下进行。

（2）学生传递过程中动作不得过重，尤其不得使用敲打头部和掐、捏等动作。

项目布置阶段：

（1）语言精练、讲解清楚，确保学生了解任务要求。

（2）注意队形的排列，距离选择便于教师观察和监督。

项目挑战阶段：

（1）第一次比赛前可以适当多练几分钟，后面的挑战如果沟通顺畅可以适当压缩练习时间，遵循由易到难再到易，由慢到快的原则。

（2）每次给的数字要有变化，并且适合团队当时的能力，同时每次各队给的数字要难度系数一致。

（3）要求学生遵守规则，并严格要求数字传递之后的学生遵守规则。

（4）队伍可以适当调整，可以适当打破他们的传递规律，如队伍全体后传或随机选出一名学生来接收数字并做第一传递者，提高学生的应变能力。

（5）制造合理的竞争气氛，评判的标准有两个，第一准确度；第二速度。

小贴士

当学生尝试使用拍掌来传递数字时，教师可以同时拍掌来干扰学生，增加传递难度。

五、分享、回顾与总结

（1）各队学生根据自己队伍的表现进行简单的分享回顾。

（2）当我们对计划进行讨论与决策时，是采取系统思维全盘考虑还是习惯思维我行我素。

（3）在有障碍的情况下怎样解决沟通问题，怎样提高沟通效率、沟通的准确性？

（4）我们的沟通是相互的吗，有及时的反馈吗？

（5）有些时候细节决定成败。在传递的过程中我们会观察到一点，就是失败源于忽略细节，成功也源于认真留意细节，大家就此谈谈。

（6）俗话说，"没有规矩不成方圆"，只有大家在统一的规则下，团队所有成员都按共同的方式和方法去做事，我们才能够成功。在团队决策的阶段一定要达成共识，在统一标尺下才有利于结果的统一。

（7）选择什么样的沟通方式呢？是以自己擅长的还是以对方熟悉的，结果会截然不同，换位思考也很重要。

（8）沟通是双向的，有呼有应，有去有回，要注意信息的接收和反馈。

（9）经验是宝贵的财富，每一轮活动之后我们是如何改进的？失败的经验很重要，成功的经验对下一次成功一样重要，正如"失败是成功之母，成功是再成功之父"。

六、重点细节

（1）第一次给一个难度中等的三四位数字，数字最好有一定的特点，如当天的月日，或特殊数字如类似2008、2046等，建议第一次超过5位数的数字最好不要超过2个。

（2）可以适当给一次简单的意想不到的数字，以检验他们的应变力和速度。

（3）不要轻易地在数字上作过多手脚，不要轻易地使用类似1/3或带"根号"的数字，万一你的学生数字没你想象中那么好，那麻烦会转到教师自己身上。

（4）如果是沟通训练主题，最好不要采用每一轮都变换规则的方法，最好不要鼓励用挑战规则和恶意创新战胜他人的方法，即使当时氛围不错，但学习之后的反思总有难言之隐。

阅读材料

如何突破定势思维——用头脑风暴法

头脑风暴法（Brainstorming）的发明者是现代创造学的创始人，美国学者阿历克斯·奥斯本于1938年首次提出头脑风暴法，Brainstorming原指精神病患者头脑中短时间出现的思维紊乱现象，病人会产生大量的胡思乱想。奥斯本借用这个概念来比喻思维高度活跃，打破常规的思维方式而产生大量创造性设想的状况。头脑风暴的特点是让与会者敞开思想，使各种设想在相互碰撞中激起脑海的创造性风暴。其可分为直接头脑风暴和质疑头脑风暴法。前者是在专家群体决策基础上尽可能激发创造性，产生尽可能多的设想的方法，后者则是对前者提出的设想，方案逐一质疑，发行其现实可行性的方法。这是一种集体开发创造性思维的方法。

头脑风暴法的基本程序：

头脑风暴法力图通过一定的讨论程序与规则来保证创造性讨论的有效性，由此，讨论程序构成了头脑风暴法能否有效实施的关键因素，从程序来说，组织头脑风暴法关键在于以下几个环节。

① 确定议题

一个好的头脑风暴法从对问题的准确阐明开始。因此，必须在会前确定一个目标，使与会者明确通过这次会议需要解决什么问题，同时不要限制可能的解决方案的范围。一般而言，比较具体的议题能使与会者较快产生设想，主持人也较容易掌握；比较抽象和宏观的议题引发设想的时间较长，但设想的创造性也可能较强。

② 会前准备

为了使头脑风暴畅谈会的效率较高，效果较好，可在会前做点准备工作。如收集一些资料预先给大家参考，以便与会者了解与议题有关的背景材料和外界动态。就参与者而言，在开会之前，对于要解决的问题一定要有所了解。会场可做适当布置，座位排成圆环形的环境往往比教室式的环境更为有利。此外，在头脑风暴会正式开始前还可以出一些创造力测验题供大家思考，以便活跃气氛，促进思维。

③ 确定人选

一般以 8～12 人为宜，也可略有增减（5～15 人）。与会者人数太少不利于交流信息，激发思维；而人数太多则不容易掌握，并且每个人发言的机会相对减少，也会影响会场气氛。只有在特殊情况下，与会者的人数可不受上述限制。

④ 明确分工

要推定一名主持人，1～2 名记录员（秘书）。主持人的作用是在头脑风暴畅谈会开始时重申讨论的议题和纪律，在会议进程中启发引导，掌握进程。如通报会议进展情况，归纳某些发言的核心内容，提出自己的设想，活跃会场气氛，或者让大家静下来认真思索片刻再组织下一个发言高潮等。记录员应将与会者的所有设想都及时编号，简要记录，最好写在黑板等醒目处，让与会者能够看清。记录员也应随时提出自己的设想，切忌持旁观态度。

⑤ 规定纪律

根据头脑风暴法的原则，可规定几条纪律，要求与会者遵守。如要集中注意力积极投入，不消极旁观；不要私下议论，以免影响他人的思考；发言要针对目标，开门见山，不要客套，也不必做过多的解释；与会人之间相互尊重，平等相待，切忌相互褒贬等。

⑥ 掌握时间

会议时间由主持人掌握，不宜在会前定死。一般来说，以几十分钟为宜。时间太短与会者难以畅所欲言，太长则容易产生疲劳感，影响会议效果。经验表明，创造性较强的设想一般要在会议开始 10～15 分钟后逐渐产生。美国创造学家帕内斯指出，会议时间最好安排在 30～45 分钟。倘若需要更长时间，就应把议题分解成几个小问题分别进行专题讨论。

头脑风暴法成功的要点：

一次成功的头脑风暴除了在程序上的要求之外，更为关键是探讨方式和心态上的转变，简言之，即充分、非评价性的、无偏见的交流，具体而言，则可归纳以下几点：

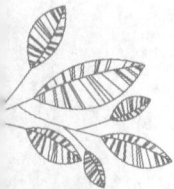

① 自由畅谈

参加者不应该受任何条条框框限制，放松思想，让思维自由驰骋。从不同角度，不同层次，不同方位，大胆地展开想象，尽可能地标新立异，与众不同，提出独创性的想法。

② 延迟评判

头脑风暴，必须坚持当场不对任何设想作出评价的原则。既不能肯定某个设想，又不能否定某个设想，也不能对某个设想发表评论性的意见。一切评价和判断都要延迟到会议结束以后才能进行。这样做一方面是为了防止评判约束与会者的积极思维，破坏自由畅谈的有利气氛；另一方面是为了集中精力先开发设想，避免把应该在后阶段做的工作提前进行，影响创造性设想的大量产生。

③ 禁止批评

绝对禁止批评是头脑风暴法应该遵循的一个重要原则。参加头脑风暴会议的每个人都不得对别人的设想提出批评意见，因为批评对创造性思维无疑会产生抑制作用。同时，发言人的自我批评也在禁止之列。有些人习惯于用一些自谦之词，这些自我批评性质的说法同样会破坏会场气氛，影响自由畅想。

④ 追求数量

头脑风暴会议的目标是获得尽可能多的设想，追求数量是它的首要任务。参加会议的每个人都要抓紧时间多思考，多提设想。至于设想的质量问题，自可留到会后的设想处理阶段去解决。在某种意义上，设想的质量和数量密切相关，产生的设想越多，其中的创造性设想就可能越多。

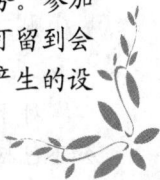

生日排序

一、项目介绍

生日排序是一个很好的锻炼沟通能力的活动，属于"切断感觉训练"中的一种。在突然出现的活动要求面前，考验参与者与者沟通能力的同时也对小组成员的应变能力给予最好的锻炼。

人数：14～16人1组，如果人数增多，平均时间应该增加。时间：20分钟左右，活动挑战时间一般平均每增加1人按15秒左右累加。可以按照布置3分钟，活动4分钟，回顾10分钟，当然时间长短与人数多少有密切关系。可以用有轨电车的模板反面；在场上面一个能容纳所有成员并肩站立的区域，区域宽度不超过40厘米。

二、学习目的

（1）培养团队成员的沟通意识，提高沟通技巧和应变能力。
（2）学习沟通中单独沟通与群体沟通。
（3）提高协作能力和遵守纪律的能力。

三、布课过程

（1）告诉学生在本次培训活动当中，不能发出声音，不能使用书面文字。

小贴士

可以就学生不发出声音进行"诱导性"提问，如果无意发出声音将出发两个下蹲起。重复提问几遍，直到确信不会有人回应或出声为止。

（2）任何人在任务完成前不得踩线或者用身体的任何部分触及规定区域以外的地方。

小贴士

如果在较高的位置上，注意不要落在地面上。最好在后面安排1个保护人员。

（3）活动要求：按照所有学生生日中的月和日进行排序，完成后举手示意。

小贴士

对于有经验的学生团队只用大声的强调"月和日"即可，对于新建团队可以告知不包括"年"。

（4）如果有多组参加，可以进行比赛，在都正确的情况下完成快的队伍胜过慢的队伍。

四、项目控制

安全监控：
（1）注意交换时不要摔倒或从规定地点摔出。
（2）不断提醒，确保不出声。
项目布置阶段：
（1）语言精练、讲解清楚，确保学生了解任务要求。
（2）讲解时不允许学生出声，如有犯规及时处罚，不要提示技术要领。
项目挑战阶段：
（1）对于让学生不说话的环节要严格掌控，尤其强调如果是故意指挥或者操纵活动的语言，可以宣告活动失败。
（2）及时处理出现的一些违规，除非已经是失去了继续做下去的必要，最好不要终止活动。

五、分享、回顾与总结

（1）我们最初听到任务时的反映是什么？不让说话怎么做活动、觉得不可能完成、自己的

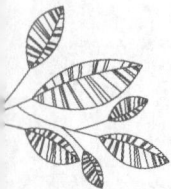

生日、临近人的生日、用什么方式展示、哪边是大或者小、如何让所有人知道两边的大小等。

（2）不同反应可以展现不同习惯，这些没有对错好坏之分，但对于团队来说，能够想到让所有人知道大小的方向并付诸实践的人，是具有较强领导力潜质的一种展现。

小贴士

当某生站在队前，示范下蹲动作的时候，他已经成为这个游戏的领导者。团队需要有一个领导，而领导者需要了解团队的目标、目前所掌握的资源，找到合适的方法。同时，他必须站在队前，让所有人都知道他的方法，说明领导者必须对团队思想、行动进行统一，指明方向和方法，并且进行强有力的执行。也许下蹲的方法不是最好的，甚至是笨办法。但是在没有更好的方法提出来或者被大家接受前，原来的"笨办法"就是最好的方法！我们能做的，就是保留各自的意见，无条件地服从并且不折不扣地执行。任何阻挠、非议、一意孤行都会导致组织的管理和团队成员行动的紊乱。

（3）交换中互相帮助非常重要，看似两个人在交换，实际上需要两边的帮助，主动帮助别人的更值得表扬。

小贴士

每个人都知道自己的生日，却不知道别人的生日。于是，沟通成为一种必需。面对一项任务，大家会产生各自的想法，但是如果各行其是、缺乏沟通，行动中不仅得不到理解和支持，更容易出现混乱和矛盾，甚至产生分歧和冲突，从而导致内耗和争斗。

（4）为什么有时候会无意违反规则，如何才能遵守规则使团队少受损失。

小贴士

每项工作都有它的规范和流程，正如每项游戏都有它的规则。在进入工作状态之前，必须去了解、熟悉规范，这是做好工作的基础。我们可能会以自我意识为中心，甚至想超越规则而自行其是。然而，个人的鲁莽和造次，都有可能会给整个团队的业绩带来损失。因此，时刻要记住，我是团队的一员，我的任何举动，都会给团队带来正面或者负面的影响。

（5）沟通中每人都有自己的表达方式是否会影响最后的结果，生活中有哪些例子？你们认为怎样改进做得更好。

小贴士

鼓励团队成员进行知识、技能或者经验的分享，如果对工作方法、理念或者管理制度有好的、建设性的建议，可以及时提出来，供同事和领导参考，在争取获得组织层面的认可和采纳后，才能真正推动组织的创新和改进。

（6）完成此类活动是否会觉得对沟通能力有帮助，你觉得如何在今后做得更好？

六、重点细节

（1）参加的人数较多时，可以在一个缺口的圆或者正方形其中的三条边上完成。

（2）检查生日时要他们快速报出自己的生日，避免出现思考后谎报生日。

小故事

我的朋友薇薇有个女儿索菲，刚满两岁，虽然还不大会说话，却很聪明伶俐，已经可以发现日常生活的规律了。像所有骄傲的妈妈一样，薇薇鼓励她女儿逗朋友们开心。

"这屋里，谁是老板啊？"她问索菲。

"我！"索菲尖叫道，指着自己的胸膛。自然，大家都很高兴，禁不住鼓掌大声笑起来。

现在，索菲虽然不明白刚才发生的事有什么意义，好笑的地方在哪儿，但她已经过记下了大家的反应。你可以想象到她的思维处理过程。

"嗯，"她心想，"现在我这样做，妈妈所有的朋友都笑得很开心，还拍我的头。我很想知道我又这样做的话，结果会怎么样？"

就这样，学习过程开始了。

有人会说，我们进行交流的"目的"并不重要，重要的是，我们应该将更多的精力放在观察交流产生的回应上，询问自己这种回应是否是我们希望得到的。如果是，我们就应继续使用同一种类型的交流方式；否则，我们就要进行调整，直至获得我们所希望得到的回应。

同进同退

一、项目介绍

这是一个简单而实用的团队活动，但其训练效果和使用概率非常的高，它可以在任何时间、地点进行，也可以作为团队趣味竞赛。最重要的是它可以调节现场气氛，并能为其后展开的活

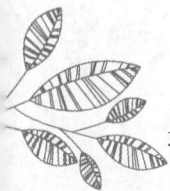

动热身。

团队挑战人数：不限，人数较多时，需要将队员划分成若干个由 10～16 个人组成的小组。项目完成时间：40 分钟。项目布课时间：10 分钟。项目挑战时间：20 分钟。回顾总结时间：10 分钟。

在地面上画一个 40 厘米宽的"河"，要求地面不能有湿滑状况，长度超过让所有人并肩站立的宽度。

二、学习目的

（1）培养学生的参与意识。

（2）培养学生协同一致，完成任务的能力。

（3）增加培训效果和活跃团队气氛，同时提高团队奋勇争先的积极性。

（4）锻炼团队全体学生的体能。

三、布课过程

（1）将不同小组带到不同的"小河"边，彼此并行肩搭建或臂"河边"多组参加活动时，每条"小河"的宽度应基本相同，长度可以略长一些。

（2）全体队员同时迈过"小河"到达对岸，然后快速回来为一次。脚尖与脚后跟过河后均应在河岸上，不得悬空在"河上"，避免无法判断造成计数困难而损失数量。

（3）练习 5～10 分钟后进行每组 40 秒挑战，各组目标按照完成量计算应不少于 25 个。需要至少一个组突破 30 个，否则全体人员将受到小的惩罚。

（4）进行三轮挑战，取最好成绩评比。

四、项目控制

安全监控

（1）注意不要扭伤脚踝。

（2）活动中相对运动强度较大，关注体力较弱的学生，并适当安排各组比赛时组间休息。

（3）如果尝试方法过多不能统一，可以适当提醒队员可以用最简单的"进进退退"步法节奏。

（4）由于一个人指挥喊口号较累，可以鼓励大家一起喊口号。如"1、2、3、4"或"1、2、1、2"等。事实证明将一次"进进退退"分为 4 拍口令比"进退"的 2 拍口令更容易整齐。

五、分享、回顾与总结

（1）我们最初是如何设计活动方式的，结果如何？

小贴士

有的组决定两脚左右侧并步过河，忘记了要求肩搭建或臂挽臂，可适当提醒。

有的小组决定双脚跳来跳去，结果很难整齐，欲速则不达。

有的小组决定双脚依次同进同退，其中有的小组限定同进退时的左右脚，以至于有人不习惯，有的小组只要求节奏，而不限定出哪只脚也是不错的选择。

（2）活动中经过尝试慢慢发现最简单的方法就可以完成。

（3）找到方法后熟练练习，在统一的指挥下，大家同步进退，你的感受如何？

（4）每轮挑战成绩如何变化？为什么会出现这种变化？

（5）通过团队齐心协力完成活动取得优异成绩，对增强团队精神有哪些理解？

六、重点细节

（1）学生在联系过程中可能会有争论，到底怎样才能统一步伐，这时教师可以做些记录，但不参与学生讨论，也不给予任何指导或暗示。

（2）当学生在练习有明显进步时，教师要及时给予肯定和表扬，激励学生的积极性和主动性。

小故事

偷油的老鼠

3只老鼠同去一个很深的油缸偷油喝，够不到油喝的它们想了一个办法，就是一只老鼠咬着另一只老鼠的尾巴，吊下缸底去喝油，大家轮流喝，有福同享。

第1只老鼠最先吊下去喝油，它想："油就这么多，大家轮流喝一点儿也不过瘾，今天算我运气好，干脆自己跳下去喝个饱。"夹在中间的老鼠想："下面的油没多少，万一让第一只老鼠喝光了，那我怎么办？我看还是把它放了，自己跳下去喝个痛快！"第3只老鼠也暗自嘀咕："油那么少，等它们两个吃饱喝足，哪里还有我的份儿？倒不如趁这个时候把它们放了，自己跳到缸底饱喝一顿。"

于是，第2只老鼠狠心地放开第1只老鼠的尾巴，第3只老鼠也迅速放开第2只老鼠的尾巴，它们争先恐后地跳到缸里去了。最后，三只老鼠都淹死在油缸里。

感悟：团队成员之间只有真诚合作，才能顺利实现团队目标。我们每一位员工都应忠诚负责地对待自己的工作，不能因个人私利而置团队和他人利益不顾。这样，才能形成凝聚力，增强战斗力，最大化地挖掘团队发展的潜力。

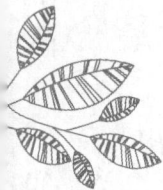

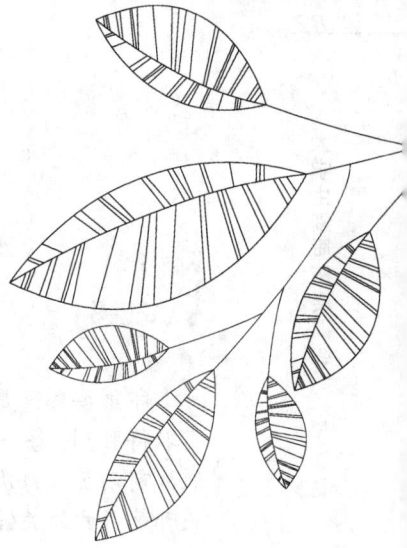

第七章

个人挑战与团队熔炼相结合项目

信任背摔

小故事

　　印第安部落是一个非常团结的部落，在每一次战争中他们总能依靠全体部落成员取得胜利。每一次出征之前，部落的酋长都要站在部落群中一处高 1.5 米的台子上做战前动员，每次民众都会带着自己家的食物到这里为他们的勇士送行。在一次事关部落存亡的关键战役前，酋长像以往一样召集将士在部落群中的高台做战前动员。这一次民众又来了，酋长发现他们带来的不仅仅是食物，还有他们生产所用的农具，酋长感到困惑。正当他困惑的时候，一位老人斩钉截铁地说："我们大家要一起战斗，为我们的部落而战！"接着所有人一起呼喊了起来。酋长陷入了两难的境地，因为他深深地知道，如果带上老弱病残上前线，战斗一定会失败，可是他又不能当面回绝民众，不能打消他们的积极性。正当他为难的时候，他的军师悄悄地对他说："酋长，我有个办法可以解决这个问题！"酋长高兴地说："说说看！"军师说："您每次做战前动员的台子就可以解决这个问题！我们让所有的要跟随我们一起上前线的民众一一走上这个高台，背向后倒下去，下面有人接着他，如果谁能身体笔直的倒下去，我们就带他走，其余的都留在家中，看护家园！"酋长说："好主意，就这样办！"于是，就把心理素质好的、敢于挑战和冒险的民众选拔了出来。这个故事一直沿用到现代，被体验式学习之父——卡尔·朗基先生设计成为信任背摔，作为拓展训练的经典项目一直沿用至今。

一、项目介绍

　　信任背摔是最为经典的拓展训练项目之一，一般用于团队组建后的第一个"开局"项目。信任背摔项目如图 7-1 所示。

图 7-1　信任背摔

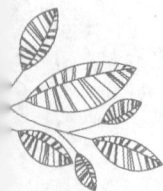

每队人数一般为 12～16 人，其中男生不少于 3 人，人员过少或有人体重超过 100 千克，接人的学生中至少应有 4 名体格健壮的男生，否则此项目由其他的项目替换或不做。

项目完成时间：80～90 分钟。项目布课时间：15 分钟。项目挑战时间：30～40 分钟。回顾总结时间：35～45 分钟。

场地用 1.4～1.6 米背摔台，有扶梯和半角围栏；1 米长的绒布背摔绳一根，要求结实、柔软、摩擦大；最好选择相对柔软的地面或海绵垫。

二、学习目的

（1）培养团队内部的相互信任。
（2）增强学生挑战自我的勇气。
（3）发扬团队精神、互相帮助。
（4）通过挑战懂得合理突破本能的重要意义。
（5）感悟制度的制定与保障对完成任务的价值。
（6）培养学生换位思考的意识。

三、布课过程

（1）建议热身游戏：女皇圈，规则详见前面章节，通过女皇圈可以了解学生团队的合群度，团队合群度越高引导越多，合群度越低指导越多，在布课的时候可以确定是施以更多的指导、辅导还是引导。

（2）在做完热身活动后，将学生集合到背摔台前，向两组学生大声介绍：

我们今天做的项目叫"信任背摔"，这是一个个人挑战与团队配合相结合的项目。在我们面前有一个 1.4 米高的背摔台，我们的每一个同学轮流上到台上，按照要求后倒，其他所有队员将其接住。

（3）为了确保安全，在项目开始前，各位同学必须将身上的所有硬物摘下放到指定的地方，包括手表、手机、钥匙串、饭卡或者钱包、手镯、戒指、耳环以及服饰上的尖锐物品等，衣兜里最好不放任何东西，眼镜在活动开始后也需摘下。

确认摘除外部安全隐患后，我们确认一下各自的身体状况是否适合参加信任背摔挑战：有心血管疾病、心脏与血压不正常、近期动过大手术、高度近视、身体感受不适的同学，或者医生建议不做剧烈运动的同学，一定要告诉我，我可以根据你的身体状况，安排你参加适合的活动或者不参加挑战，只是心理紧张的不必担心，我们有相应的检查与辅导措施确认你的参加程度。

（4）下面我介绍一下这个项目，这个项目分为两个部分，一是个人挑战部分，也就是背摔；二是团队配合部分，任务是接人。首先，我介绍一下个人挑战的要求。

① 依次开始，准备挑战前，全体同学将其围在中间，队长大声地喊出准备挑战的同学姓名或挑战同学大声喊出自己的名字："××"，接着全体队友高呼队训与××加油，然后，该同学在获得"力量与激情"的支持下，沿着台阶爬到背摔台上。

② 上台后，请选择一个安全的角落靠在护栏上，做一个手

> 盗梦空间里台词说：如果我不让你想一头大象，你会想什么？对，是大象。拓展挑战布课时，找到避免错误危险动作的方法比和学生说不做某些错误动作更有价值。
>
> ——钱永健

臂动作，跟我一起做：两臂前举，掌心相对，拇指带动内旋至掌心向外，交叉十指相扣，双手经下向内旋然后抱紧靠身体。我会在背摔台上给大家手腕上系一根背摔绳，用来保护大家（如有人问，可以解释保护是为了防止大家倒偏，找一位学生演练。一般不解释会打开手臂伤人之事）。

③ 当大家站到背摔台上之后（教师将其扶到有安全保护架的角内），手臂做出刚才的动作，系上背摔绳，抱紧身体。在教师的引带下慢慢地移向台边（教师一只手抓住背摔绳，尽量抓得离手近点，试着外拉几次，确保练习者手臂抱紧身体，另一只手抓住保护架），练习者背向台边，脚后跟超出台面少许，两脚并拢，脚尖相靠，膝关节绷紧，臀肌收紧，略微含胸收腹收下颌，不要向后看（小声地做些鼓励，如果紧张可以问一些转移注意力的话）。

④ 调整呼吸，当准备好了之后（教师可以说："好，大声地问一下"，给台上台下所有人提醒），大声地问队友："准备好了吗？"

当听到队友齐声回答"准备好了"。

然后教师喊："1、2、3"，同时向后倒下（此时教师应注意练习者的脚，如果有必要立即蹲下去扶住练习者的脚，防止踢到两边的队友）。倒下之后不要踢腿，体验被人接住的感觉后，再由保护者慢慢放下。

⑤ 大家先原地感受一下后倒的感觉（就近选一个学生做示范），来一位同学，其他同学先看我示范，按刚才的要求站好，（教师走到该学生身后，并对其小声地说不用向后看，相信我之类的话）两脚弓步站立，距其半米左右，两手靠近肩胛部位的动作，但要保持不接触身体，当其后倒后，随其移动，并在练习者靠近自己身体时用双手和胸膛将其接住，练习的同学双脚尽量保持不动。注意保护的同学一定要认真，不要离得太远，不许开玩笑。

⑥ 先让身高体重比较接近的同学两人一组，开始练习，然后交换（此时教师一定要将全体学生尽收眼底，及时提醒，不要急于去为个别学生辅导）。

（5）（练习2～3分钟后及时叫停，开始介绍团队配合接人部分）好的，现在我们开始学习搭建接人的人床。

① 首先找和自己身高体重比较接近的人面对面站立。伸出右脚形成弓步站立，两脚左右间距略比肩窄，脚内侧相抵，膝关节内侧靠近。调整支撑腿，保持重心稳定。上提正值略向后倾，腰部收紧。

② 双臂向前平举彼此搭到对方右上臂上（不用放到肩上，检查时告诉学生是靠自己的力量上抱，而不是用手借对方上臂做支点依靠），掌心向上，手指并拢伸直，肘部自然向下弯曲；抬头向后仰，看着倒下人的背，偶尔发现有偏斜可以略微向后一点。

③ （将力量较小，身高较低的排在两端，第三至第五序位的一定要派力量较大的学生）每两位对面站好，一对一对的肩部靠近排列成面对的两排，用双臂搭建一个接人的"人床"，选择一个人在远离背摔台的队头做"床头"，推着两边"人床"的肩膀帮助教师确认挑战学生是否站到了人床中间（人数较多时可以将手臂伸在第二至第四的队友手臂下帮助接人，但绝对不允许有人在人床上方伸手接人）。

④ 当听到挑战队友大声地问："准备好了吗？"

齐声回答"准备好了"，然后转头看着挑战队友的背部。

当听到挑战队友喊："1、2、3"时，抬头、眼睛盯住挑战队友并随其移动，手臂用力接住挑战队友。

⑤ 好的，下面我检查一下大家接人的能力如何？每两位各自站好，当听到我喊"准备好了

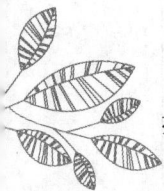

吗？"回答"准备好了"。当听到我喊："1、2、3"时用力接住我（教师用双臂下压每对练习者，力量适中，如果确有不用力接的，要重试一次，必须确保每一对都会做了，并要不断提醒掌心向上）。

⑥ 当大家接住队友后，不许抛接，不许开玩笑。慢慢放下，先放脚，待站稳后托住肩部的同学才可以松手，来到背摔台边，由教师解下背摔绳，交换角色进入下一轮挑战（教师及时提醒，并注意防止练习者被放得太猛冲到台边）。

（6）好的，大家都做得很棒，现在开始（教师上到背摔台上）！队长安排先后顺序，谁先上（确定有人第一个上时，及时提醒喊队训）。

确认符合要求，硬物摘除，喊完队训，即可上台（对上台的学生说："欢迎你参加挑战。"多给第一位上来的学生一些鼓励，可以多做点交流，或者分散注意力的交流，缓解紧张情绪，但是一定要不断提醒动作要领）。

教师和台上同学交流时，一定要提醒接人的队伍排齐、膝盖顶上、腰部挺直、肩要靠紧、头要后仰等。

当第一个学生完成，安全站立之后，大家给一些掌声，并帮其解下背摔绳，然后继续进行。

四、项目控制

安全监控：

（1）学生如有严重外伤病史，或有严重心、脑血管及精神病、高度近视等不宜作此项目。

（2）教师应强调安全事项，关注学生动作的规范性。

（3）教师试压接人学生双臂，并强调每一个位置的重要。

（4）学生在上背摔台后应安排其靠护栏站立。

（5）学生背摔时，教师应一手拉住护栏，紧贴学生的手握住背摔绳随着学生中心移动，保持学生的后倒方向，适时松开，必要时可以不松手或将其拉回。

（6）教师安排学生由背摔台向外按弱、较强、强、强、较弱、若来排列，第3、第4组安排男生，接手学生手臂水平或渐高。

（7）学生倒下被接住后，教师蹲下控制挑战学生的脚，学生落地时站起时防止头前冲碰到背摔台。

（8）摘除戴、装的所有硬物，雨天雨衣必须脱下。

（9）任何时候都不能从1.8米以上的背摔台后倒。

项目布置阶段：

（1）语言精练，突出重点，讲解清楚，及时反馈。

（2）提高学生对风险的认知，严格要求。

项目挑战阶段：

（1）观察挑战学生的同时，注意接人队形。

（2）及时了解学生挑战后的身体反应。

（3）对大多数学生需要鼓励。

五、分享、回顾与总结

（1）对所有的学生完成挑战任务给予鼓励。

（2）鼓励每一个学生都分享自己的感受并给予肯定，注意完成不够成功与不够出色的学生，可以与生活实际联系起来分享。

（3）通过项目谈谈自信和互信的问题，可以引申提高。

（4）突破本能的意义——学习与工作。

可以结合教师自身案例分享 3 点：成功源于对本能的突破，勇气是成功的必要条件，冒险与冒进的辩证。

（5）安全备份——背摔绳，手臂接人，弓步接人三重保护，此外谈谈监督保障制度。

（6）是否闭眼，有何感受，躺在他人手臂上的感觉。

（7）上台顺序、榜样示范，以及鼓励措施。

（8）接人的感受，每一个都尽力是获得安全的基本保障。

（9）分工，3、4 序位的重要岗位，第一队接人用不上力，但是他们也有很多作用，学生可以就此谈谈，正如故事吃 8 个馒头，不是最后一个才能吃饱。

小故事

在一个小山村里，有一位心地善良的老太太，已经 90 岁的高龄了。在以往的日子里，她总是给村民们很多无私的帮助，今年是她 90 岁的生日，村民们想，这个老人家一辈子都很善良，经常给我们大家一些帮助，再过几天就是她 90 大寿了，我们给她过个生日，大家一起来祝贺她。老人听说后，对大家说，祝寿就不必了，但是如果大家想要聚一聚，热闹一下，到那一天就都到我家里来，来的时候千万不要送什么礼，大家都不容易，到时如果大家一定要表示一下心意，就把你们家里酿的酒端一碗来，我在院子里放一口大水缸，你们把酒都倒在缸里，等到开席的时候，我们大家一起喝百家酒。到了她生日那天，全村的村民们一家家地端着一大碗酒来到老人家里，并且把酒倒在大缸里，但是等到开席，大家端起酒杯喝酒的时候，却很尴尬，因为喝到嘴里的不是酒而是水。

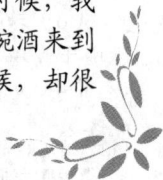

（10）信任建立后，承诺不做第一个打破信任的人。失信成本实际是一种很大的资源浪费。

六、重点细节

（1）摘除身上佩戴与口袋内装的硬物。

（2）弓步站立的要点与要求——与直立的比较，不易后撤，可以更好地保持全体手臂水平，虽然降低了高度但安全性更高。

（3）掌心向上可以确保接人学生手臂不会因台上学生倒下而不受伤；教师下蹲可以有效防止倒下学生双脚打开提到第 1、第 2 组学生头部。

（4）队训的激励作用。

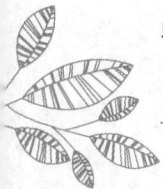

七、课后小结

（1）通过信任背摔的熔炼，学生团队能够顺利进入到团队的磨合期，学生间相互学习、相互鼓励的氛围开始形成。

（2）学生开始理解素质拓展训练的体验式学习模式，认同分享与回顾的价值。

（3）通过此项目也能暴露出个别个性较强、不合群、心理素质较差、存在对他人信任危机的学生，需要教师多加关注。

背后的信任

古代有两个侠客，他们从小一起拜师学艺，一起刻苦练习武艺，当他们学成以后他们两个就去参军报效自己的国家。在去参军的路上，两个人遇到过一帮土匪，土匪将他们两个团团围住，这两个人的背靠紧紧在一起，他们拿着自己手中的剑，一次一次的阻挡土匪的进攻，直到最后把土匪杀退了。

还有一次，两人去刺探军情，结果被敌国发现，许多敌国的士兵，将他们围在中间，想抓活的，想从他们的口中得到一些重要的情报，结果两个人宁死不屈，奋力抵抗，两个人都受了很重的伤，但他们没有放弃，始终坚持，始终为后面的人，阻挡敌人。在两个人快要坚持不住的时候，他们的队伍及时赶到，两个人才得以幸存下来。在以后的战斗中，两个人始终战斗在一起。

等几十年后，两位老人解甲归田。村子里经常有很多年轻人来问他们，他们是如何在战场上厮杀的，是如何将敌人一次又一次击退的。两位老人经常是笑一笑，然后将衣服脱下来，给这些年轻人看，他们发现两位老人的胸前全是伤疤，但奇怪的是他们两个人的后背居然没有任何损伤的痕迹。一位老人说：我们在战斗的时候，我们彼此信任对方，将后背托付给他，我们只管前面的敌人，不会顾及后面会有敌人，因为后面有我最信任的人保护我。

空中断桥

潜 能

《读者》曾刊登一篇文章，写这样一个故事——一个母亲下班回家时，在家楼下的小径的口上就看到自家幼女正爬出窗户玩。她还没来得及制止，女儿就失手掉来下来。于是，这位母亲就尽了她全力跑去接她女儿。非常幸运，她接到了，女儿毫发未损。而根据目击者证实，和通过她女儿掉到地面的时间和她需跑过的路程计算，这位母亲当时的速度超过这年的百米短跑的世界纪录。

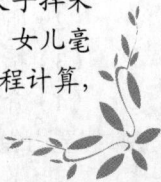

一、项目介绍

高空断桥是一个以个人挑战为主的项目，属于高空类心理冲击的项目。每名学生利用上升器爬到距地面 8 米高的断桥，走到桥板一端，跨步跳跃，单腿起跳、单腿落地，跳到桥板另一端，再跳回来。最后利用上升器安全回到地面。高空断桥项目如图 7-2 所示。

图 7-2　高空断桥

团队挑战人数：10 人以上，最好不要超过 16 人。项目完成时间：120 分钟。项目布课时间：10 分钟。项目挑战时间：70 分钟。回顾总结时间：40 分钟，其中项目分享回顾 15 分钟，总结提升 25 分钟。

场地需要 7～12 米高的组合训练架或转向训练架；动力绳 2 条；静力绳 1 条；上升器 1 把；止坠器 1 把；护腿板 2 副；足够数量的铁锁、滑轮、安全带、扁带与头盔。

二、学习目的

（1）学习认识自我、挑战自我、战胜自我的方法。

（2）培养学生克服恐惧，勇往直前的积极心态和挑战自我，激发潜能的心理素质。

（3）学习自我说服与自我激励，认识鼓励对己及人的重要性。

（4）培养学生面对困难时的互帮互助精神。

（5）学习分析和化解风险的能力。

三、布课过程

（1）询问了解学生是否有严重外伤病史，或严重的心、脑血管及精神病、慢性病及并发症或医生建议不适合做此项目者，可以不做此类挑战项目。

（2）所有学生摘掉有可能造成伤害的物品并仔细检查。

（3）指派除队长外的一名安全员，强调他和队长的职责，再让他们重述安全要点。

（4）介绍安全装备的穿戴和注意事项（边示范边讲解），上升器的使用方法，以及学习掌握登山绳、铁索、8 字环等专业保护设备的使用，以及法式五步收绳法。

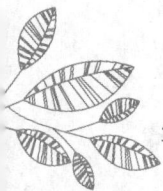

小贴士

① 安全带使用方法：腰带在胯骨以上，反扣（如有）。

② 头盔佩戴注意事项：头圈调好，带子系紧，长发盘入内。

③ 上升器使用要点：丝扣锁上回半圈，平行绳子方向向上推以及向下放，随时高于腰部，下来时只需按银色凹槽，黑色开关不可动。让每位学生都试一下使用上升器，要求完全掌握操作，尤其是队长与安全员会熟练正确地操作。

（5）讲解在断桥上的动作要领，要点包括：眼睛往前看，不要往下看，深呼吸调整；单手虚握绳；起跳腿伸出板面2～3厘米，略成弓步，摆动腿蹬直，默数"1，2，3"，大胆向前跳。

（6）交代每位学生上来前应得到大家鼓励，充电。

小贴士

教师上断桥，指导学生一个个完成任务，细节包括以下几点。

① 关注学生上升，全过程不断提醒上升器高于腰部，脚下踩稳，一步步来。

② 学生快到断桥时，帮学生推上升器，让学生能腾出双手上断桥。

③ 学生上来后，靠柱子站，先检查其安全装备，再帮他换保护（先上好保护绳，再解上升器）。

④ 对学生进行调整、技术指导，以及心理指导（胆小—激励，犹豫—引导，恐慌—安慰）。

⑤ 学生下来过程中同样给予关注，提醒。

⑥ 当其安全到达地面，号召大家给予掌声。

⑦ 若时间允许，完成项目时，在场地喊队训，唱队歌。

四、项目控制

安全监控：

（1）认真检查，确保学生佩戴的专业设备准确和学生的确保技术正确无误后，方可开始挑战。

（2）利用心理学的辅导方式给予学生适时、正确的辅导。

项目布置阶段：

（1）建议热身项目一：热身慢跑800米。

要求：注意跑的速度、肌肉的放松、呼吸与节奏；慢跑中要保持基本队形；跑步中不要说笑打闹。

建议热身项目二：关节操。

要求：协调一致，边做边喊口令；认真完成动作；动作幅度逐渐加大，充分活动身体各关节。

（2）语言精练、讲解清楚，确保学生了解任务要求。

（3）可以选择第一个参与挑战的学生做示范，一边讲解一边演练，但不要提示技术的要领。

（4）鼓励所有学生参与挑战，确认不适合参与项目学生的身体状况。

（5）断桥间距要适宜，适合个体跨越能力的差异。

（6）适时进行心理辅导，按照成功导向的方法进行鼓励，在学生挑战受阻时，要调动队友参与鼓励，让挑战者在收到鼓励后的最佳时机完成跨越。

（7）任何时候都应将安全放在第一位。

项目挑战阶段：

（1）根据学生男女比例、身体素质情况，统筹协调挑战顺序，不要将女学生及身体素质差的学生都留在最后。

（2）在学生挑战前或挑战成功后给予鼓励，在学生挑战受阻或挑战失败是，及时进行危机干预及心理辅导。

（3）观察并记录每一位学生的表现，便于回顾总结。

（4）通过适时的激励及不同方式的指导，保持学生挑战的积极性。

（5）任何时候将安全放在首位，保护学生的身心健康。

五、分享、回顾与总结

（1）由教师组织回顾总结与反思，对全体队员的表现予以肯定，鼓励，赞美和鼓励每位学生成功完成本次挑战。

（2）让学生发表感受，讲真实感受，最好结合自己的生活学习经历，由各队队长记录他们的发言，着重于：认识自我，挑战自我，不断进取；团队意识；自我激励与激励他人的重要性。

（3）问站在上面跨越前的感受？是怎么克服的？

（4）问学生："同样的距离，在地面上跳，非常容易，为什么到了8米高空就难了，是能力降低了吗？"

当有学生谈到，最大的敌人是自己，或者突破自我一类的话题，可延伸：

突破个人心理障碍，不要轻易否定自己，不要总给自己不良的暗示，不要轻易说"我不行"。每个人都蕴藏着极大的能力和丰富的资源，不试永远不知道自己的能力，勇敢地跃出第一步，成功就离你不远了

最大敌人是自己：要有超越极限、挑战自我的勇气，要有勇于挑战的习惯，成功的机会就多得多。

（5）问学生："当我们站在断桥上时，很多人都会思考很多问题，如跳不过怎么办等，大家能不能分享一下你在断桥上，都在想些什么？"

在断桥上，人在思考、犹豫、决定、行动的整个过程，相信是个比较复杂的心理活动过程，也就是一个自我对话的过程。

小贴士

心理学家把内心紧张的起因称为"消极的自我交流"。我们可以把人的内心生活看作是一种不间断的自我对话。这些自我交流，人采取的语气影响着人的情感生活和处世态度。

消极的自我对话总是离不开对事物的前景预料得很糟，被过去的失败和失意的阴影所笼罩，自我怀疑、胆怯、自卑的情绪泛滥，把不愉快扩大化。

那么怎么来避免这些消极的自我对话，消除心理障碍呢？保持一种积极的心态。

乐观系数：研究表明，一个人常保持乐观的心，处理问题时，他就比一般人多出20%的机会得到满意的结果。

思想，行动，习惯，性格，命运。

马斯洛说：心若改变，你的态度跟这改变；态度改变，你的习惯跟着改变；习惯改变，你的性格跟着改变；性格改变，你的人生跟着改变。

或者用：思想决定行为，行为养成习惯，习惯造就性格，性格决定命运。

（6）当有学生强调教师的作用时，可延伸：

"在一个团队里，一个管理者很多时候需要扮演一个教师的角色，帮助你的队员克服困难，达成目标。那么，怎么做一个好的coach？"

明确的目标、正确的方法、适时的鼓励、对前面绩效的肯定、适当的压力。

（7）换位思考：

为什么上面人在跳的时候，觉得太远，而下面的队员觉得很简单，可以更远？

领导层和中层、基层所处的位置，看到的不同。这导致上面的人难以做决定，一件在基层看来简单的事情却迟迟定不下来。

六、重点细节

（1）学生踏空，未成功跨越的，应适当调整断桥间距，鼓励学生再次尝试。

（2）学生在桥面受伤的，应及时送医疗机构救治。

（3）学生在板上踌躇不前，要给予更过鼓励和人文关怀，采用循序渐进的方法，一步一步引导学生克服畏惧心理，迈出勇敢一步。

七、课后小结

（1）注意对每一个学生的心理辅导，充分了解学生的特点，快速分析判断学生的心理素质是这个项目的重点。

（2）培养安全意识的最佳时机，学生接受较好。

大学生素质拓展训练

小知识

心理舒适区理论

① 压力-绩效模型（见图7-3）

绩效一般随压力的增大而上升，没有压力就没有绩效，当压力上升的一定的区域后，进入压力舒适区，在此区间，绩效随着压力的增加明显上升，如图7-3所示。但是当突破人能承受的压力极限后，绩效直线下降。在压力极限附近有一个小区域，在此区域内，绩效几乎是直线上升，这个就叫潜能。巨大的压力能激发一个人的潜能，但掌握不好，也可能击垮一个人的身体、精神甚至生命。

② 心理舒适区

良好的心理素质，就是在任何情况下都能把握住自己，都能发挥出自己应有的能力。心理素质是可以锻炼的，不断的尝试你认为不行的事，当然不是莽撞的，而是有准备的，有助于成功，有助于发现潜能，有助于承受压力，经受挫折和风浪。

变 impossible 为 I'm possible。勇于挖掘自己潜能，大胆尝试。一个人有多少潜能，没有人知道，这固然可惜，更可惜的是，人的潜能不到千钧一发之际，不不太容易被暴露。

罗斯福说：人类最该恐惧的事情就是恐惧本身。

希腊哲学家伊皮克特德说：使人不安的不是事物本身，而是人通过这事物做出的结论。

③ 认识自我

马斯洛的需求层次（见图7-4）：

自我实现：能够做什么，就要做什么，潜在本质现实化；

自尊和地位：自尊和得到别人的尊重；

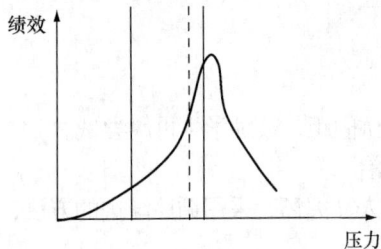

图 7-3　压力—绩效模型　　　　　图 7-4　马斯洛模型

归属和社会交往：归属于集体、亲情、爱情、友谊；

安全保障：安全、工作、意外（失业、丧失财产等）保障；

生理需要：衣食住行、睡眠、性。

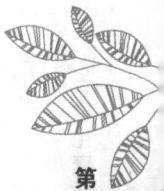

心 魔

有一个人习惯睡觉时一定要开着窗户，否则睡不着。有一次，他住到一个酒店，但那个房间的窗子怎么也打不开。他尝试很久，都没有打开窗户，他又很困了，无奈中只好关灯睡觉。但他在床上又无法睡着，总觉得别扭、难受，越想越气，于是摸黑拿了一只鞋子朝窗子方向丢过去，只到"哐当"的一声玻璃碎的声音。这个人就很坦然的睡了，一觉睡到大天亮。但当他醒来，发现，窗子毫无损伤，倒是一幅画的画框玻璃碎了。

水平云梯

一、项目介绍

这个游戏主要用于建立小组成员间的相互信任。虽然游戏设计很简单，但是非常有效。目的：建立小组成员间的相互信任。水平云梯项目如图 7-5 所示。

团队挑战人数不少于 14 人，最好 2 个团队同时进行。项目完成时间：90 分钟。项目布课时间：10 分钟。项目挑战时间：60 分钟。回顾总结时间：20 分钟。

场地要求不小于半个篮球场的平整场地，10 根云梯专用的木棒，要求每根长约 80 厘米，直径约 4.5 厘米左右，承重 80 千克，弯曲度 2%。

图 7-5　水平云梯

二、学习目的

（1）培养学生团队成员统筹协作能力。

（2）培养团队快速学习的能力，激发团队的成长潜力从而走向成熟。

（3）培养学生面对压力与挑战能够坚持不懈地努力和敢于拼搏的精神。

（4）让学生认识到每名成员融入团队的重要性。

（5）学习领会每一个子项目学习中暗含的道理。

三、布课过程

（1）让每个队员找一个搭档。在总的参加人数为单数的情况下，让余下的一个人第一个爬云梯。如果参加人数为双数，那么随意叫出一对搭档，让其中一人爬云梯，另一个人做监护员。

（2）给每对搭档发一根云梯棒，让每对搭档面对面站好，所有搭档肩并肩排成两行。

（3）每对搭档握住木棒儿，木棒儿与地面平行，其高度介于肩膀和腰部之间，这样整个形成了一个类似水平摆放的木梯的形状。每根梯线的高度可以略有不同，以形成一定的起伏。

（4）把选好的爬梯者带到云梯的一端，让他从这里开始爬到云梯的另一端。在只有四五对搭档参加游戏的情况下，你可以让前端的搭档等爬梯者通过后，迅速跑到末端站好，这种方法可以帮你随意延长云梯。

四、项目控制

安全监控要点：

（1）不要拿器械道具玩耍打闹，避免误伤他人。

（2）活动项目轮换时，不要把器械随意扔在地上，按照提前摆设的项目区域适当放置。

（3）一个队挑战时，另一个队在指定的区域内观察。

项目布置阶段：

（1）语言精练、讲解清楚，确保学生了解任务要求。

（2）一边讲解一边演练，主义强调抓木棒的要点及安全要求。

（3）适当提醒学生这个项目不要练习太多时间，避免出现安全事故。

（4）布课过程中要暗示相信队友才是最重要的。

项目挑战阶段：

（1）在练习一段时间后，教师可以帮助学生测试一次，测试距离不宜过远，如50米必须停止。

（2）两队第一次比赛结束后，由队长组织团队成员进行讨论，再给几分钟时间练习，然后进行挑战。

（3）挑战采取3局2胜制，对于输了的队伍要给予时间讨论解决方案。

（4）根据教练的引导技术，结合团队挑战情况，可以适当地鼓励和激励，但不要有过于明显的帮助。

五、分享、回顾与总结

（1）对学生共同完成挑战给予肯定和表扬。

（2）鼓励大家都谈谈参加这个项目的感受。根据学生的分享，对已出现的理念或学生并未讲清的部分给予补充，使学生认识团队中信任建立的重要性。

（3）第一位爬云梯的人有何感受，先锋与榜样的作用对他人有何激励。

（4）爬云梯的顺序以及角色认定对团队完成任务的积极作用。分享"珍惜别人的帮助，懂得感恩是能够继续前进的无形助力"，体会共同学习、总结经验对提高整体工作效率的重要性。

（5）爬云梯之前和之后的感受如何？

（6）做"梯子"的时候你有何感受？

小贴士

生活中如何理解"既要有敢为人梯的精神，也要做到吃水不忘挖井人"和"人人为我、我为人人"，个人成长与团队成长的步调和速率应该是一致的。

六、重点细节

（1）要确保云梯表面光滑，以避免划伤或扎伤爬梯者。确保每个人都能牢牢抓住木棒儿，千万不能在队友经过的时候失手。这是一个用来建立信任的游戏，如果有人不慎失手的话，丧失的信任感将很难恢复。

（2）另外，不允许将木棒举到比肩膀还高的位置上。

（3）队尾的云梯棒在队友离开后先不要急于离开，等经过两三个云梯棒后在离开迅速到前端去排队。

七、课后小结

（1）对于第一个上去的学生，要多鼓励。

（2）可以调整队形，形成一个弧形的梯子。

（3）根据团队的具体情况可以加大挑战难度，如把挑战者的眼睛蒙起来，但不要蒙住做"梯子"的学生。

小故事

　　3只兔子兄弟来到了一家饭馆，他们各自点了一份最爱吃的胡萝卜沙拉。当服务生把美味的食物端上桌时，兔子们发现他们都没有带钱。兔子老大说："我是你们的老大，取钱的事不该由我来做"。兔子老二说："我认为派小弟去取钱是最合适的，老大你说呢？"老大表示同意。兔子老幺说："我可以去取钱，但是你们谁也不能动我的胡萝卜沙拉！不然我就不去了！"老大老二连声答应，并且保证绝对不会碰它的沙拉。于是兔子老幺走了。兔子老大兔子老二很快就把各自的沙拉吃得干干净净，连声说美味呀，还意犹未尽。他们看着兔子老幺的沙拉，垂涎欲滴，但是出于承诺，还是强忍着不去吃兔子老幺的沙拉。等了好久，兔子老幺还没有回来。于是兔子老大和兔子老二就商量："我们还是把老幺的沙拉吃了吧！"正当他们准备吃的时候，兔子老幺刹那间从屏风后跳出来："哼，我就知道你们会吃我的沙拉，所以我一直躲在屏风后面看着你们，果然，你们要吃我的一份，幸亏我没有相信你们，要不然又要吃大亏了！"

　　这个故事中兔子老大兔子老二没有信守自己许下的承诺，兔子老幺可能由于曾经两位哥哥的某些行为对两位哥哥的信任度降低，想要考察，最后也没有去取钱。他们3个吃霸王餐，最后餐馆老板怎么处理，可想而知。可见，团队合作的基础是信任，假如团队成员之间失去了信任，尤其是在团队成员之间存在某些利益关系的时候，那么，不论所进行的什么事情都很难开展和执行。所谓的团队合作也只是一厢情愿，一句空谈而已。三只兔子吃沙拉事件，在现实生活中仍旧屡见不鲜。

空中单杠

小故事

在多年以前，美国有一位走高空钢丝的表演者叫华林达，演艺精湛，经常在全世界各地高山峡谷之间和摩天大楼之间进行表演，一直很成功。但是有一次在一个城市里进行表演的时候从上面掉下去摔死了。事故发生以后，很多人都感觉不可思议，为什么这样一个成熟、有经验的演员会出现这样的意外事故呢?于是有些人就去调查，问到他的妻子，他的妻子回答说：我也不知道究竟是什么原因，但是我发现了一些反常的事，在这次表演前，我感觉他变了，平时他是一个性格开朗、爱说爱笑的人，但是在那次表演之前，他变得有点儿沉默寡言的，给人一种心事重重的感觉。以前表演的时候他都是让他的助手来架设钢丝绳，但是这一次他说什么都不让他的助手来做，一定要自己亲自来架设，而且架好以后，还总是不放心，一遍遍地去检查，生怕出什么事，结果就是在这次表演的时候掉下去摔死了。那么，最终也没有人知道究竟是什么原因导致了事故的发生。

一些管理学家关注到了这个事件，从这个事件的研究和分析中得出了这样一个结论：当人的心理压力增大的时候，就会导致行为能力的降低。

因此我们看到很多学生都是这样一种表现，有的是说，我当时脑子一片空白，有的人当我告诉他/她，你把左脚放在前面，他会马上问你，老师，哪一个是左脚?类似的情况都是因为心理上的压力突然增大造成的，属于正常的情况。

古人讲：叫做"修炼平常心"，他们认为一个人如果能够修炼到平常心即是一个很高的境界了，我想我们现代人也是一样，如果我们有了这样一种平常心，那么无论我们遇到什么样的挑战、困难和压力，我们都能从容地应对。有时我们讲拓展训练可以帮助人们挖掘他们的潜能，但是，我反而觉得没有必要挖掘更多的潜能了，大家只是把我们与生俱来的能力和水平在我们现实的工作和生活中正常地发挥和表达出来，可能对我们都已经足够了。怕就怕，明明我们有这样的能力和本事，能干成一些惊天动地的事来，但是，当我们心理上压力大了以后，竟导致我们的这些能力和本事发挥不出来，那对我们才是可惜的，就像有的人说的那样："离开了勇气，智慧也会大打折扣"。

——摘自李冈睿《做最好的拓展培训师》

一、项目介绍

空中单杠是一个以自我挑战为主的项目，属于高空高难度项目，整个过程需要独立完成，机会就在眼前经过努力纵身一跃就抓住了，不过没有抓住也无怨无悔。每一位学生都要独立爬上 9 米高的高台，并在直径仅为 25 厘米的圆盘上站立，然后从圆盘上奋力越出，去抓住横在空中的单杠，如图 7-6 所示。

团队挑战人数不少于 14 人，最好两个团队同时进行。

项目完成时间：90 分钟。项目布课时间：10 分钟。项目挑战时间：60 分钟。回顾总结时间：20 分钟。

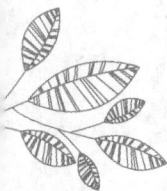

图 7-6 空中单杠

器材方面需要 10.5 毫米主绳 2 条，带锁铁锁 8 枚、40 厘米绳套 4 条、下降器 2 枚、安全带 5 条、安全帽 3 顶、手套 4 双。

二、学习目的

（1）挑战自我，克服心理障碍，战胜心理脆弱，增强自我控制的能力，建立培养自信心。

（2）体会成功与失败的真正意义。

（3）面对机遇，果断的把握，增强自我决断的能力。

（4）积极的心态去争取和获得机会。

（5）掌握目标管理与控制的成功经验。

（6）通过相互鼓励，体验队员之间相互信任的团队精神。

三、布课过程

（1）建议热身游戏：电波传递。在空中单杆的挑战中，许多学生将项目视为纯粹的自我挑战，忽视团队的力量和帮助，电波传递能在项目开始前让大家感受到团队的和谐和力量。电波传递游戏过程如下。

① 让所有队员手拉手站成一圈。

② 随意在圈中选出一个人，让他用自己的左手捏一下相邻同伴的右手。问第 2 个人是否感受到了队友传递过来的捏手信号，这里我们把它称为"电波"。告诉大家收到"电波"后要迅速把电波传递给下一个队友，也就是要快速地捏一下下一位队友的手。这样一直继续下去，直到"电波"返回起点。

③ 告诉大家你将用秒表记录"电波"跑一圈所需要的时间。然后大喊"游戏开始！"，并开始计时。

④ 告诉大家"电波"传递一圈所用的时间，鼓励一下大家，然后让大家重新再做一次电波传递，希望这次传递能更快一些。

⑤ 让队员们重复做几次电波传递，记录下每次传递所用的时间。

⑥ 等大家都熟练起来之后，变更"电波"的传递方向，使电波由原来的沿顺时针方向传递

变为沿逆时针方向传递。

⑦ "电波"沿着新方向被传递几次之后，再一次让队员们逆转"电波"的方向，同时让队员们闭上眼睛或是背向圆心站立。

⑧ 在游戏快要结束的时候，为了使游戏更加有趣，悄悄告诉第一个人同时向两个方向传递"电波"，而且不要声张，看看这样会带来什么有趣的效果。

（2）教师告诉学生下一个挑战项目时空中单杠，这个环节也叫跳出真我，是很好的个人挑战项目。最重要是学生按照教师安排用心去做，安全完全有保证。让所有学生摘下随身硬物。问清有无近期手术、心脑血管疾病、习惯性脱臼的。空中单杠很多时候被作为高空的第一个项目，在布课过程中，很多学生都会将注意力放在空中的器械上，教师应利用热身游戏后短暂休息的时间布课，并提示学生集中精神。

（3）安全带的使用，讲解坐式安全带和胸式安全带的使用方法及不同点；介绍安全锁、八字环、头盔等安全设施的使用。学生穿戴好安全装备后，接受队友激励，自己努力爬上立柱顶端的圆盘，并站立。攀爬过程中，教师要密切注意保险绳应位于学生背后，防止保险绳缠绕在学生身上。

小贴士

全身安全带的连接环在背后，最好在连接环上用扁带做两个绳环，用主锁链接绳索后，避免跳跃项目锁具与连接环的冲撞。在锁具和绳结处，用特意制定的绳套包裹，避免跳跃时头发和手指缠入其中造成伤害。由于绳结和锁具连接处容易和头发缠在一起，长发学生需要将头发解散，盘在头盔内。尽量不要扎马尾辫并将其盘在脑后，这会将头盔向后顶起，起不到保护作用甚至会影响学生，也有增加伤害的可能。

（4）站稳后双手伸开平举并且大声问队友和安全保护人员："准备好了没有？"当听到"准备好了。"的回答后自己数"1、2、3。"同时奋力跃出，用双手去抓单杠。

（5）如果没有完成，注意安全不要摆撞到桩杆或者圆盘上。完成后双手松开，在保护绳的保护下慢慢回到地面。

（6）指导、鼓励挑战项目的学生完成飞跃。

四、项目控制

安全监控措施：

（1）学生如有严重外伤病史、心脑血管疾病、精神疾病、慢性病及并发症或医生建议不适合做此类项目的，可以不做。

（2）所有学生摘去随身硬物，学会安全护具的使用和穿戴。

（3）必须两根直径不小于10毫米的动力绳同时保护，每组保护各不少于3人；用尼龙绳扣将学生背后两根保护绳包裹在一起。

（4）学生穿戴好安全护具必须由学生自己、队友、教师三遍检查，摘、挂安全锁、八字环等关键安全部件必须教师亲自操作，杜绝学生自己摘、挂。

（5）学生攀登时保护学生保护绳要紧跟，当学生跃出时保护学生要及时收绳，以免冲坠过猛。

（6）教师要通观全局，出现不合理动作要及时提醒或者叫停，学生下降时，教师主动接应。

（7）禁止戴戒指、留长指甲，长发学生必须将长发盘入安全头盔内。

（8）提醒学生不要抓保护绳索及主锁；学生严禁脚踩安全绳，不得将锁具跌落在硬地上。

（9）教师不得强求不愿参加的学生参加。

（10）合理设置两个保护点的位置，最好前后两点独立受力不至于学生摆到柱子上，学生松手时绳与上方保护点成三角。

（11）上方保护点必须用两根扁带和两套锁具，将原始绳头的一端用于打结。

项目布置阶段：

（1）语言精练，重点突出，讲解清楚，及时反馈，确保学生了解任务要求。

（2）鼓励所有的学生参加挑战，对于榜样要及时鼓励并引导其他学生效仿。

（3）提示学生互相帮助，确保护具穿戴安全。

项目挑战阶段：

（1）利用心理学的"层递效应"等常用辅导方式给予学生适时、正确的辅导。

（2）按照轮流挑战顺序的统筹对团队完成任务的影响分析作合理提示，鼓励全体队员创造团队高绩效。

（3）对所有学生顺利完成任务给予鼓励，并在需要"介入式引导"的学生完成任务后适时引导。心理压力较大或及其恐惧者多做正向鼓励，哭泣或因挑战时间长而内疚者多做安慰。

（4）密切注意参加保护的学生的器械状况以及其保护动作的规范性。

（5）观察并简单记每一位学生的表现，便于回顾总结。

（6）合理使用不同风格的语言进行指导，保持学生的挑战积极性。

小贴士

暗示或帮助队长，用合理的方式带动团队成员保持激情，让学生之间相互指导、加油、帮助等。教师偶尔做些关键指导，主要关注学生表现和安全细节，调整与判断学生挑战的单杠距离等。

五、分享、回顾与总结

（1）对所有学员完成挑战项目给以鼓励，顺序、榜样以及激励对团队完成任务的价值。

（2）鼓励每一个人都讲讲自己的感受，完成不够出色的也要说说，可以联系生活来谈。

小贴士

单杠，在我们面前晃来晃去，就像我们的生活，工作，学习，每一天都充满挑战，每一天都面临选择，买东西，换工作，只有抓住机会，才有可能胜利。人视野范围内的机遇等待过程，抓住机遇的可能性强，　经验学习的过程。要勇于尝试，才华像一把伞，只有撑开才有用。一定要抓住机会，充分展示自己的才能。如何抓住转瞬即逝的机会，生活中的单杠不会总在你面前晃悠。由此引出"快速、果断"。

（3）在地面抓杠的感觉和在高空抓杠的感觉，学生心理在过程中起了什么变化。

小知识

　　舒适区，又称为心理舒适区，在这个区域里，每个人都会觉得舒服、放松、稳定、能够掌控、很有安全感。每一个人都会有一个适合自己的"心理舒适区"。一旦走出这个区域，人们就会感到别扭、不舒服，或者不习惯。例如，有的人有强烈的利他意愿，有双赢思维，善于协作增效；而有的人不愿和陌生人交谈，不愿被人批评，不愿按规定时限做事，不愿主动关心别人……总之，人们处于一个只属于自己的领地。

　　无论个人还是企业，如果设定了新的目标，就必须离开原有的"舒适区"，就必须挑战原有的能力结构、资源范围、智力水平和知识水平，也就是说意味着构建新的舒适区。不离开原有的"舒适区"，你就不可能达到新的目标。虽然离开了"舒适区"会感到不舒服，但若是达到了新的目标，就会有一个非常关键的变化——人们的"舒适区"被扩大了！

（4）挑战过程中最害怕最困难的是什么时候，为什么？

（5）机会就在眼前，如何朝他不断追求。

机遇、风险，如何在最短的时间内对风险和机遇做出适当的评估。——时间太短是草率，时间太长是犹豫，寻求相对优的方案。

（6）分析关于潜能的问题，包括激发出来的显性潜能跟隐性潜能。

六、重点细节

（1）要求教师在设置保护点时，要合理确定 2 个保护点的位置，一个点可以适当靠近立柱的前上方作为起跳前的主保护绳，另一个点在单杠的上方，并将绳骑跨在单杠两边作为跳跃时的主保护绳，学生松手时绳与上方保护点形成三角形为佳。

（2）上保护点每个点必须用两条扁带和两把铁锁。将原始绳头的一端用于打绳结。

（3）在学生爬上时，注意力适当放在保护者身上，挑战学生爬上圆台时多做鼓励和指导。

七、课后小结

（1）学生参与高空项目的热情高，在教师不断鼓励下，都能顺利完成挑战。

（2）此项目能够暴露出个别学生存在严重的心理障碍。

（3）学生通过认真分享回顾均都有所收获，如不断打破自己的心理舒适区，挖掘更大的潜能、换位思考等。

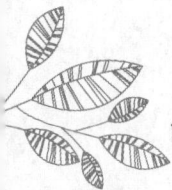

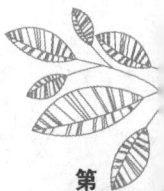

阅读材料

　　柳某是一名女生，她是一边哭着、一边爬上断桥的，后来她对我说："自己是一个胆子较小的人，但是特别希望有一个突破"，在爬到一半的时候，心里就特别的害怕，控制不住地开始哭了。

　　在断桥上，我用了足足有30分钟，给她讲了很多道理，帮她放松，缓解她紧张的心情，可是没有效果，她说，老师，道理我都懂，可我就是迈不开步，腿好像都不听使唤了。我只好等她，我看着她一遍遍地在前面尝试着跨越和突破，在40分钟左右，她终于跳出去了，回来的时候，也没有用太长时间就跳回来了，回来后，刚刚站稳脚跟，她回头看着断桥，说：这有什么呀！这句话让我们所有在场的人都笑了。

　　虽然这句话有些好笑，但时间长了，每当我想起她这句话都会深有感触，因为对于她来说，也对于那些心理障碍较大的学生来说，在断桥上这种心理障碍的瞬间突破是很难的，但是，一旦他／她突破了，就会感觉没有什么了不起的。这件事让我联想到，如果在现实的工作和生活中，我们还没有尝试过的事情，千万不要轻易地放弃，千万不要说我不行，哪怕它看起来很可怕，只有在你尝试过之后，你才知道自己是不是真的不行。人在自己的人生旅途中（生活和工作中）会有很多这种时候，都会像我们站在断桥上一样，面对着各种挑战和考验，有时候这种挑战和考验非常严酷，也会突如其来，让人慌恐、害怕、紧张、犹疑、不知所措，如果在这个时候我们退缩、放弃，或是等待，止步不前，那我们就会失去成功的机会，失去幸福的机会，我们知道，也许你下决心做一件事的时候，由于有很多因素的影响，成功的可能性只有50%，但如果你不去做，不敢做，就100%没有成功。从这个意义上说，如果我们想做一个成功的管理者、领导者，或是渴望成功实现理想的人，成为富有的、有价值的，对社会和人类有贡献的成功人士，那么面对机会的时候，你就要勇敢，勇于进取。

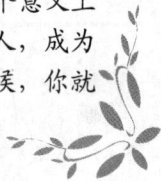

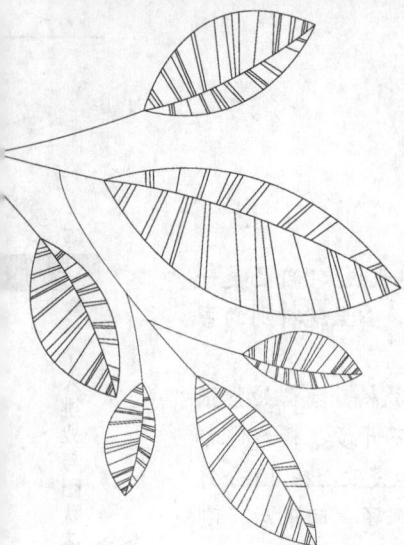

第八章

团队熔炼（挑战）项目

盲人方阵

一、项目介绍

这个项目的名称叫盲人方阵，也叫黑夜协作，这是一个以团队挑战为主的项目。盲人方阵项目如图 8-1 所示。

团队挑战人数：14 人左右。项目完成时间：90 分钟。项目布课时间：10 分钟。项目挑战时间：40 分钟。回顾总结时间：40 分钟。

边长不小于 25 米的平整开阔的场地一块，长 3 米、5 米、15 米左右、粗 1~1.5 厘米的绳子各一根，预先打结并揉乱，眼罩 14 只或与学生人数相等。

图 8-1 盲人方阵

二、学习目的

（1）培养团队人员的沟通意识，提高沟通技巧和决策能力。

（2）感受特殊情境下完成任务的合作方式。

（3）了解团队领导者的领导风格对完成任务的影响和重要作用。

（4）培养学生科学的思维方式和对知识的运用能力。

（5）使学生理解角色定位及尽职尽责地完成本职工作的重要性。

（6）理解"失与得"的辩证关系。

三、布课过程

（1）本次活动时间为 40 分钟。为了使我们的活动有价值，需要戴上眼罩确认完全无法看到亮光。

为了表现真实的黑夜情境，在整个活动过程中应该紧闭双眼 40 分钟，如果觉得很难做到，我们为了帮助大家闭眼特地准备了一个眼罩，现在发给各位把它戴上。整个过程请不要摘下眼罩，如果有人故意摘下眼罩，我们便停止其后的活动，所有责任由摘下眼罩的人负责。

情景设置

来，大家告诉我，福利工厂是什么意思？对，是由残疾人组成的工厂。队长也不叫队长，改叫"厂长"，而我是你们的一个忠实客户。在以往很多年里，我们有过多次愉快的合作，建立伙伴关系以及信任和友谊。这次我想和你们合作，为我制造一个产品，请大家听我说我对该产品的要求，特别是厂长。

（2）现在我向大家介绍你们的任务，在你们附近不超过 5 米的范围内有一堆（捆）绳子，在我宣布开始后把它找到，然后把它围成一个最大的正方形，组好后，所有人相对均匀地分布在这个正方形的四条边上。

（3）你们所做的这个正方形是一件价格极高的产品，我需要的是一个满足"客户"标准的合格产品。

（4）整过活动中任何人不得摘去眼罩，戴上眼罩后应将双手放置身前，不得背手行走，严禁蹲坐在地上。

（5）当你们确认提前完成后，将绳踩在脚下，并通知教师，得到准许后才可以按照教师的要求摘下眼罩。

四、项目控制

安全监控：

（1）要求地面平整，周围没有障碍物以保证学生的安全。

（2）学生戴上眼罩后应将双手放置胸前，不得背手行走，严禁学生蹲坐在地上。

（3）不要让绳子绊倒学生，不要猛烈甩动绳子以免打到学生面部。

（4）及时阻止学生向不安全地带移动。

（5）提醒学生摘下眼罩时背对阳光，先闭一会儿再慢慢睁开眼睛。

（6）暑天尽量避免在烈日下或其他恶劣天气下完成任务。

项目布置阶段：

（1）建议热身游戏：松鼠与大树，规则详见第六章。

（2）讲解中语言要清晰，重点提示部分关键词，如"最大"、"正方形"等，及时反馈，确保学生了解任务要求。

（3）安全要求讲解清楚，确保学生的安全。

项目挑战阶段：

（1）可以适当地运用技巧增加或降低找绳的难度，比如教师在学生找绳时先抱着不放在地上，可以把绳子放在比较沉默或内向的学生面前，或在寻找困难时适当将绳移近学生，一般找绳时间控制在2~4分钟为佳，最好将绳放在训练场地相对中间的区域。

（2）关注所有学生是否遵守规则，如果发现学生有偷摘眼罩的行为，警告1次，如果发现同一个人有第2次偷看行为，请他（或她）出局，但不要与之发生冲突。

（3）可以适当干扰进程过快的团队，但切忌弄巧成拙破坏了整个活动。

（4）特殊情况下，可以稍加改变，如盲阵图形做得很好，可以先领到回顾地点再摘眼罩，让学生在不知结果的情况下回顾（这种情况可以用在教师的再培训活动中），对于初体验的学生一般不建议使用。

五、分享、回顾与总结

（1）学生回顾完成情况，往往会比较激动，教师要帮助协调发言顺序，争取让每一个学生都有机会发言。

（2）学生回顾完成正方形的方法，怎样确认正方形、四边形相等、四角为直角、对角线相等，他们是怎样操作的，模糊的变量来量边长是不可取的方法，比如拉成四边形用脚步量，相

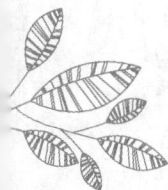

对来说用手臂量的理念已比较接近，只有用定量来衡量才是相对精确的方法，如对折，联系生活比如评优评奖，用业绩判断还是用"感觉"判断更有说服力。

（3）学生在摘去眼罩后会觉得眼前的"方阵"没有之前感觉的那么大，这与心理学中人在相对不安的情况下更希望靠近一样，这可以和生活中许多情况相联系。

（4）怎样用不擅长的沟通方式表达或接收信息，如有些人在活动中提出正确的方法却没人注意，自己也就不再表达了。

小知识

根据研究发现，一般人的正常说话速度是每分钟125～200字。但是收听者平均每分钟可以接受400字以上的信息。这就使得在听的时候，大脑有很多空闲时间，使收听者在说话者没有完整表达的时候就已经开始分析判断其话语的含义或是想表达什么样的意愿了，因此，常常在说话者说到一半的时候，收听者已经"猜到"或"判断出"对方想说什么了，就会立刻打断对方："我知道你的意思了"、"我明白你想说什么了"，但是从人的心理上，任何人都不喜欢自己在说话的时候被打断，一旦自己的表达被打断，就会认为对方是不礼貌、不友好，因而不想再说了，数据表明，近80%的沟通会因为"被打断"而中断。

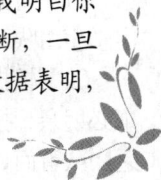

（5）民主讨论与决策，个体决策与群体决策，引导学生制定本队的团队工作方法（见附录）。

（6）分析影响群体决策的若干因素，诸如"从众倾向"、"群体压力"、"意气之争"等。

（7）领导（队长）合理授权给"专家"，并维护"专家的领导"，确保任务完成。

（8）暂时的放弃是一种勇气，也是为了长久的收益，可以引入"缺勤理论"，有把握者可以联系到"下岗政策"。

> 8种方法提高倾听的技巧
> （1）使用目光接触。
> （2）展现赞许性的点头和恰当的面部表情。
> （3）避免分心的举动和手势。
> （4）提问。
> （5）复述。
> （6）避免中间打断说话者。
> （7）尽量少说话。
> （8）使听者与说者的角色顺利转换。

（9）拥有的知识只有运用才能转化成有用的能力，如确认四边形的方法，简单的知识但在完成任务中有时就想不到。

（10）可以让学生复述教师布置的任务，并让大家介绍自己的产品优势，在现有的条件下自己做的是最好的。

（11）对当时出现的其他情况进行应变分析与联系，如在四角的人是否能够始终握住绳角位置不松手，坚守自己的岗位等。

六、重点细节

（1）布课时强调"一堆绳"、"最大"、"正方形"和"人均匀地分布"。

（2）回顾时不要总是围绕组图形的问题纠缠不清，尽快引导学生联系理论与生活进行回顾总结。

小贴士

一般而言，正方形的四个边长相等学生都能够较为出色地完成，但是对直角的要求不要绝对化，否则会引起学生的争议。曾经有个班级学生团队没有成功做成项目，原因是他们用身体当"角尺"来确定直角，带队教师指出这不是一个令人信服的方法，有学生反问："什么才是正确的方法？我们老师说了，世界上没有绝对的事情。如果有，请您给出一个正确的方法。"教师应从培训的角度来进行引导，侧面回答学生问题。

七、课后小结

（1）盲人方阵是一个由融合类向团队决策协作类过渡的项目，根据教学实践经验，能暴露出学生团队不善于计划、组织、领导和控制等方面问题。

（2）根据此项目总结学生的特点：一是领导力较弱，没有产生有效的领导核心；二是队长事必躬亲，授权不足，权力下放不够；三是学生带上眼罩后存在不同程度上的混乱与恐慌，缺乏团队智商，不能理智冷静地思考解决简单问题的方法。

阅读材料

团队工作方法

第一步：队长：是否有人做过？有人知道怎么样做这个项目吗？

（如果有，队长带领大家听"专家"意见的可行性，并尊重"专家"的意见。）

第二步：队长：我们要在规定的时间内解决这个问题，因此请大家集思广益，贡献我们的智慧，下面我请大家从××同学开始顺时针方向依次发表自己的意见和看法，在大家发言过程中，请遵守如下规则。

（1）有就说出来，没有就PASS。

（2）语言简短精练，不超过一分钟。

（3）在有人发言时，不允许插话、打断、质疑和批判，只是听。

第三步：找出一两个最可行的方案大家讨论和表决。

第四步：意见相持不下时，按照多数人的意见拍板决定。

雷　阵

一、项目介绍

这个项目的名称叫雷阵，也叫突破雷区，是一个以团队挑战为主的项目，挑战突破定势思维与提高团队的有序协作的能力。雷阵项目如图8-2所示。

图 8-2　雷阵

团队挑战人数 14 人左右，可以两队同时进行。

项目完成时间：90 分钟。项目布课时间：10 分钟。项目挑战时间：40 分钟。回顾总结时间：40 分钟。

5～6 米见方的画有雷阵的场地 1 块，或专用喷绘雷阵图 1 快。

阅读材料

前苏联社会心理学家包达列夫曾做过一个实验揭示出定势效应在人际印象中的作用。他向两位大学生出示了同一个人的照片。在出示前，他向第一组大学生说：照片上的人是个十恶不赦的大坏蛋，而向另一组说照片上的是一位大科学家，然后分别让两组学生对照片上的人作看图描述。结果，第一组学生说：深陷的双眼表明内心阴险仇恨，突出的下巴表明沿着罪恶的胡同走到底；第二组学生说：深陷的双目表明思想深邃，突出的下巴表明坚毅睿智。一张照片两种评述，可见定势效应对人们认知的作用和影响。

小贴士

雷阵图两边的方框内不要画上一个大大的"×"或者红色的斜线，空白区域是活动效果最好、最不易引起争议的一种。

硬皮夹、笔和教师用图 1 张，教师可以准备墨镜 1 副。

二、学习目的

（1）培养勇于尝试，不断探索的精神。

（2）培养创新意识，突破定式思维。

（3）树立成本观念，培养善于吸取经验教训，少走弯路的能力。

（4）善于利用工具与资源。

三、布课过程

小贴士

　　教师从布课前一直到活动结束，都不要在雷阵图中随意地走动，站在雷阵图中间布课是一种非常不好的习惯，这会降低活动情境的真实性，因此现象学生与教师发生争议较多。并且教师即使不回答问题，也要用中肯或委婉的方式拒绝，避免学生产生对抗情绪。此外，教师也要强调"雷阵图"两边不得站人，或者向学生介绍"雷阵图"两边均为悬崖，但最好用长板凳或障碍物放在"雷阵图"两边，以免让学生会误以为"雷阵图"两边的正方形方框也为悬崖，避免争议。

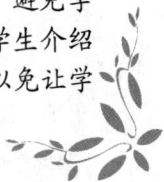

　　（1）从布课开始教师告知学生不回答任何规则问题。
　　（2）这个项目叫做雷阵，正方形内为雷区。
　　（3）活动要求所有学生从雷区的入口开始，依次通过雷阵，成功地到达雷区的另一边，活动时间为 40 分钟。
　　（4）雷区内只允许有 1 人进入。
　　（5）每走一步只能迈进相邻的格子里，不准跳跃及试探。
　　（6）雷区中每走一步未被确认的新格子要听教师的口令，口令有两种："请继续"示意学生继续前进，"对不起有雷，请按原路返回"学生退出雷区，换另 1 人进入。

　　全队按时完成为 100 分，每违例一次扣 1 分，违例现象有 4 种；重复触雷、未按原路返回、踩线或未进入相邻的格子，进入雷区的人数多于 1 人。

小贴士

　　如果有两个队伍同时参与穿越雷阵，不妨让他们分别以"1～6"和"7～12"为入口，每人只有三次进入雷区机会，第 1 次踏雷则"残废"，单脚返回，第 2 次踏雷则为"植物人"，必须找人原路进来原路背出去，第 3 次进入雷区只得找人背进雷区。

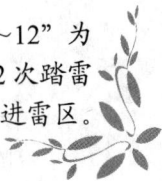

四、项目控制

安全监控：
（1）场地内清扫干净。
（2）野外铺设雷阵图前要清理地上的尖、硬物体。
项目布置阶段：
（1）建议热身游戏：数字传递，规则详见第六章。
（2）语言精练，重点突出，讲解清楚，及时反馈，确保学生了解任务要求。
（3）特别要清楚讲明，活动中有问题学生间解决，教师不回答提问。

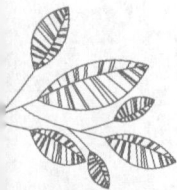

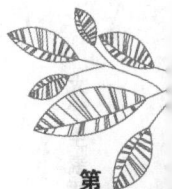

项目挑战阶段：

（1）项目挑战中除了口令外，教师不和学生进行沟通交流。

（2）要求学生必须站在雷阵两边与入口边线延长线的区域内。

（3）严格监控学生的行为，一旦有违规的情况立即说明并按要求记录。

学生出现重复触雷等，可以采用单脚原路跳回等，也可以让他们选择和之前不重复的方法返回等。

（4）如果学生提出放置标记物，可暗示予以认可，但不允许涂写记号。

（5）学生认为无法穿越雷阵，教师可反复询问是否放弃。

（6）学生间争论时教师保持沉默，也不回答，但可以提醒他们不得使用不文明用语。

（7）如果出现违例现象，可以采用扣时间的方式操作，但必须在布置时公布。

（8）项目完成后，提醒学生注意保密。

五、分享、回顾与总结

（1）公正的给予评价，无论结果如何都可以给些鼓励。

（2）让每一个学生谈自己的感受与大家分享，并说出各自认为的原因所在。

（3）教师可以分别引导理性的分析与感性的尝试（主动突破与被动突破），理性更应选择"四倍路程的突破"。

小故事

阿莫西夫从小就聪明，年轻时天赋极高，他一直为此洋洋得意。有一次，他遇到一位汽车修理工，是他的老熟人。修理工对阿莫西夫说：我来考考你的智力，出一道思考题"有一位既聋又哑的人，想买几根钉子，来到五金商店，对售货员做了这样一个手势：左右两个指头立在柜台上，右手握成拳头做出敲击状。售货员见状，先给他拿来一把锤子；聋哑人摇摇头，指了指立着的那两根指头。于是售货员明白了，聋哑人想买的是钉子。聋哑人买好钉子，刚走出商店，接着进来一位盲人。这位盲人想买一把剪刀，请问：盲人将会怎样做？"

阿莫西夫顺口答道："盲人肯定会这样。"说着，伸出食指和中指，做出剪刀的形状。

汽车修理工一听笑了："哈哈，你答错了吧！盲人想买剪刀，只需要开口说：'我买剪刀'就行了，他干嘛要做手势呀？"

（4）有时候不断尝试是重要的，要大胆尝试、勇于尝试。

小贴士

ABB公司的一位外籍主管曾经问教师：为什么许多管理者不允许下属失败，如果我们没有失败的经验，我们的成功经验又都是从哪里来的呢？

（5）结合惠普的事例分享善于利用身边工具与资源。

阅读材料

惠普在当年创业时，是在一个车库里面开始的，两个合伙人决定用他们两个人名字的第一个字母作为公司的名称，可是这两个字母哪一个在前哪一个在后呢？他们采用掷硬币的方式来决定，虽然他们对把谁的名字排在前面有争议，但是，他们为了企业的发展和光明的未来制定的企业管理的原则——车库法则，两个人的意见却惊人的一致，这个法则共有 11 条，其中之一就说到了这个观点，"工具唾手可得"，说的就是遇到问题和困难时，不要光像卖力气，而是要聪明地做事，用工具来帮助自己，提高工作效率。

（6）分析扣分的原因，重复踩雷、同时 2 人或多人进入雷区，原因何在。

往回走的技巧、前进的统一计划和制度等也很重要，不如在无法确定探试前面的格子时，可以允许男生向前再向右，女生先向前再向左等。

（7）教师可以根据自己掌握的案例提升总结。

小贴士

突破思维应当遵守的原则：

（1）以道德为底线。

（2）不拿触碰法律做尝试。

（3）突破是为了追求向上，追求进步。

六、重点细节

（1）有经验的教师可以随机布雷，不要过早将路封住，可以做些调整。

（2）教师可以戴墨镜。

七、课后小结

（1）通过总结在分享回顾中学生的发言，学生一致认为，要突破思维定势，不断寻找新的途径，不要等到走投无路，或在危难时刻，才想到挖掘规则以内更多的隐藏资源。

（2）在原有突破思维定势、合理分工协作、善用身边资源等理念的基础上，可以进一步挖掘合作共赢的理念。

问题

一位公安局长在路边同一位老人谈话，这时跑来一位小孩，急促地对公安局长说："你爸爸和我爸爸吵起来了！"老人问："这孩子是你什么人？"公安局长说："是我儿子。"请你回答：这两个吵架的人和公安局长是什么关系？

附一　违例次数

出现重复触雷

1	2	3	4	5	6	7	8	9	10	11	12	13	14	15	16

未按原路返回

1	2	3	4	5	6	7	8	9	10	11	12	13	14	15	16

踩线或入错格

1	2	3	4	5	6	7	8	9	10	11	12	13	14	15	16

多人进入雷区

1	2	3	4	5	6	7	8	9	10	11	12	13	14	15	16

附二　教师记录用图一张

雷阵出口

109	110	111	112	113	114	115	116	117	118	119	120
97	98	99	100	101	102	103	104	105	106	107	108
85	86	87	88	89	90	91	92	93	94	95	96
73	74	75	76	77	78	79	80	81	82	83	84
			67	68	69	70	71	72			
			61	62	63	64	65	66			
			55	56	57	58	59	60			
			49	50	51	52	53	54			
37	38	39	40	41	42	43	44	45	46	47	48
25	26	27	28	29	30	31	32	33	34	35	36
13	14	15	16	17	18	19	20	21	22	23	24
01	02	03	04	05	06	07	08	09	10	11	12

雷阵入口

搭书架

一、项目介绍

搭书架也叫建品格，是一个以团队挑战为主的项目，培养学生通过团队决策并快速转化为高效的执行力，通过在项目挑战中寻找出方法和规律。搭书架项目如图 8-3 所示。

团队挑战人数不少于 14 人，器材足够时可以分为 2 组。

项目完成时间：90 分钟。项目布课时间：10 分钟。项目挑战时间：50 分钟。回顾总结时间：20 分钟。

任务书 1 张、带有齿口的木板 15 块、便签贴数张、圆珠笔 1 支。

图 8-3 搭书架

二、学习目的

（1）培养学生阅读任务并通过相关内容设想任务存在的能力。

（2）培养学生比较书面任务与现实工作的异同并接受现实迅速进入工作的能力。

（3）培养学生善于总结经验和发现规律，并将其运用到即将开展的工作中去的能力。

（4）学习善于利用资源并将其细分规划的能力。

（5）学习团队分工和团队决策对团队绩效的影响。

三、布课过程

（1）按照任务书上要求，在 10 分钟内读懂任务书。

（2）在 30 分钟内用最快的速度完成任务书上"书架"图形搭建。

四、项目控制

安全监控：

（1）地面的场地清扫干净，在铺有衬垫的地面或平整的草地上进行。

（2）不要被木板夹伤手指。

（3）轻拿轻放，不要用木板碰伤同伴。

（4）不要强硬拼接，避免木板破裂。

项目布置阶段：

（1）快速介绍项目后发给学生任务书。

（2）整个过程完成之后可以通过拆开观察，为再次完成做准备。

可以用便签贴，并做好标记拆开，然后再快速搭建。

（3）可以在较快的时间内再做一次，并和第一次的时间做比较。

（4）多组同时比赛，以时间短者为优胜。

项目挑战阶段：

（1）在 10～15 分钟内读懂任务书。阅读任务书时最好不要让学生看到书架木板，充分发挥学生的想象力，这是参加活动的部分价值表现。即使看到木板也不要让学生靠近观察木板的结构，直到搭书架活动正式开始。

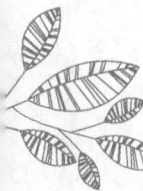

（2）在30分钟内用最快的速度完成任务书上"书架"图形搭建。

第1轮有些队伍可能很难找到完成的方法，或者在某几块板上质疑是否能够搭建成功，这时候要多鼓励，并告知一定可以搭建成功。如果超过20分钟还没有完成，可以适当辅导帮助找出关键问题，利用引导式教学，让其快速发现问题并完成项目。

（3）完成之后进行简单的分享交流，然后观察其中的连接并通过拆开寻找其中的部分规律，为再次搭书架做准备。如果需要，可以将便签贴在不同木板上做标记，然后再快速搭建。

此次完成效率会提高很多，这时教师可以选择将队员拆下的木板打乱堆放，也可以随意的简单调整一两块，视团队挑战能力和完成项目的态度进行微调。

（4）第2次完成后，再次寻找规律并拆开，并按照规律第3次搭建，并比较和前两次的时间差。

第2次完成后，如果发现了"三个正方形"，可以关注个别人的细节，往往在这个时候会因为个别人没有很好的记住或摆对方向而致使活动迟迟不能成功，对个体学员的保护与批评要适度，如果团队处于"磨合期"尽量不要就此事太多讨论。

（5）多组同时比赛，以时间短者为优胜。

多组比赛时，可以关注最快的组，也可以关注最慢的组，但都要记录时间和过程，以便于分享回顾。

五、分享、回顾与总结

（1）利用引导技术的"漏斗原理"引导学生在不同层次上进行分享。

小知识

漏斗理论是指如果我们所设想希望表达的意识是100%，与团队成员沟通的时候却只能讲出80%，因为环境干扰、分神的原因，对方听到的最多只是60%，能听懂的部分只有40%，到执行的时候就只剩下20%了。

① 引导大家分享当时的活动场景，描述现象并记住关键点。

小贴士

根据教学实践，关键点按照项目进行的时间顺序一般分为几个时期：一是谁先动手？当学生团队阅读完任务书后，有没有集体讨论和集体决策？是有计划进行书架搭建还是无目的地尝试？二是第一轮书架搭建失败后团队成员的表现以及言论；三是随着时间的过去，书架仍然没有搭建起来时团队成员之间的争执与分歧，队长的组织管理方法；四是学生提出来导致任务成功的观点和言论；五是在书架搭建成功后，教师提出在更少的时间内搭建书架时学生的反映？六是挑战第3轮时学生在挑战过程中的表现，态度、情绪、言论、有无失误等。

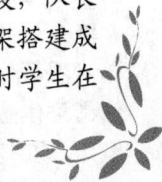

② 分享当时哪些事件对于活动的进程有影响，是好的影响还是不好的影响。

③ 引导学生分享活动中出现的这些现象在工作和生活中出现过吗？有类似的例子吗？

④ 引导学生思考在现在或未来的工作中是否有可能会碰到同样的问题，如果碰到了，刚才的经验会对我们有哪些帮助？

⑤ 如果刚才的活动对我们有一定的帮助，我们从中得到了经验，我们如何利用这些经验改变自己，并承诺自己将会为此改变。

案例

在某次拓展训练课程中，一名团队队长在分享回顾中很诚恳地说到"我根本不是当队长的料子，从这个项目中我发现我很适合去执行另外几名同学提出来的方案，就我身为队长而言一是想不出好的办法，二是有部分同学在旁边围观，也不参与动手，我也没有办法去调动他们。我觉得我很适合当执行者而不是领导者。"这本来是比较不利于团队协作和团队精神的言论，尤其是由队长提出，如果教师不去引导很容易对团队造成伤害。

当时拓展教师便引导："很高兴你能发现自己的定位，对于你的表现，我相信大家也有目共睹，我们这个团队最终能够挑战成功与你的努力也是分不开的。书架没有搭建时，同学们之间的争论是你调解下去的；在同学们提出众多书架搭建方案后，你是第一个采纳正确的并组织队员实践的，我想，以上两点已经充分说明了'领导艺术'中'放权'与'决策'两点特质了。"

这时这名队长若有所思，态度也比刚才犹豫些许，还是说道："但我还是觉得我还是不够成功，我们这个队伍并不是所有的同学都参加了。"

"你说的现象基本上每个团队都会遇到，这就是体验式学习的特质所在了，这里我给大家分享一个故事。"教师继续道。

"一个小队去峡谷穿越，一人掉队不慎走入峡谷深处，苦苦寻找出去的路。很久后，发现在峡谷有一处绝壁，可以爬上去，极度疲惫的他开始最后的攀爬。就在他攀爬的路上，看到岩石缝中有一棵纤细的小草，上面竟然开着一朵小花，异样的美丽，令他惊奇的是岩石缝中竟然看不到一点土。此时，内中心一种激起生命的力量的感悟油然而生，他觉得自己也有了力量。不断攀爬前行的路上，他看到一串串水滴下落，他看到水滴下落得越来越快，感悟出一个人的生命好像也是这种感觉。在快要上来时，远处的阳光透过对面的悬崖照射下来，这一刻黑白是那样的分明，世界并不像他想的那样混沌不清……经过努力，他终于上来了。当他看到一对情侣在上面观光时，他告诉他们：'到峡谷下面去吧，从那里爬上来，你会看到岩石缝中的小花，还会见到……'这对恋人用怪异的目光看着他走开了。再次见到一群游人时，他讲了同样的话，游人们看他满身泥土，误认为是不正常的人，领队过来劝他快点离开。他很失落，为什么这么好的经历他们会不信呢？这时，他遇到一个老人，讲了他的见闻。老人说：'我可以理解你，但是要知道，有些事情只有你体验了才知道他的美好，别人没有体验或不愿意体验没有办法分享，他们不理解你也很正常，你不必勉强他们，也不必难过……'。"

在场所有的同学都陷入了深思，队长更是频频点头，貌似看到了他的"感悟"。

（2）结合"漏斗原理"进行细节分享，并可以在不同层次进行推进式引导。

从最初大家刚拿到图之后，对于可能进行的活动是如何分析的？——在面对杂乱的搭书架材料时，我们的反映是什么？为什么会有这样的反应？——在完成搭书架的过程中，我们都做了哪些事？——关键的环节和意见是谁提出来的？自己当时的反应如何？——我在其中做了些什么？什么原因促使自己做的这些事情？

（3）利用"淘金法"或"抓鱼法"，寻找到本活动的主旨。

计划和现实之间的联系、出现偏差如何修正、分工与指挥、讨论的形式，拆分组合间的内在联系、事物间的内在联系、局部与全局、鉴别与规律等？科学发展观的价值……

（4）利用分享回顾的技术逐步完成相关讨论。

第一轮搭书架我们用了很长时间才完成，甚至很难完成，其中主要的问题是什么？

当我们搭建好书架后，拆开时更多关注每一块板的位置，在看似找到方法的时候去没有很好地提高效率，为什么？

什么时候发现书架是由几个正方形组成的，为什么发现这个规律后效率会提高许多倍？

生活中有什么和这次活动相似的经历吗？我们得到哪些启示？

活动中大家对于团队合作有什么感悟，我们认为如何会做得更好？

（5）通过逆向思维，利用"反漏斗理论"对学生进行总结提升。

小知识

在沟通中存在几个误区：一是认为某事已经讲过了，就没有沟通的必要了，殊不知多种形式的反复沟通，更利于统一认识，将计划和方案的相关重点深入团队成员内心；二是认为集体讨论、决策通过了，区别及单独沟通就没有必要了，殊不知团队中每名成员的理解力、知识面、问题敏感意识，甚至是所面临的执行环境、执行条件都存在极大的差异，而这些差异正是造成执行力高低不同的重要原因。

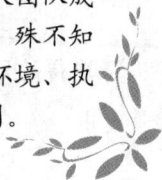

六、重点细节

（1）特别要清楚讲明，活动中有问题，学生间解决，教师不回答提问。

（2）学生在接受任务书时不要接触或者看到木板。

（3）严格监控学生的行为，学生对任务书研究透彻后，可以提前开始搭建书架。

（4）学生间争论教师保持沉默，也不回答。

（5）最好多组同时进行活动，并给每组配备一名监控人员。

（6）活动进行时严格各组的计时方式。

（7）项目完成后，提醒学生注意保密。

七、课后小结

（1）项目难度较高，在必要情况下，教师可以采用介入式引导。

（2）项目挑战的成功，更有利于处于"磨合期"的团队向"成熟期"发展，但不适合刚进入"磨合期"的团队。

小故事

一名经验丰富的培训师给一群年轻的经理上设定目标的讨论课。

他对第一位经理说："请站过去，你的任务就是把报纸卷紧，塞进垃圾桶里，越多越好。"

那个年轻人看起来很羞怯，他顺从做了，慢慢地有些迟疑地把递给他的报纸卷成筒，然后扔进垃圾桶里。一分钟后，培训师介入。

他问那位当时还糊里糊涂的经理，"可以了吗？"对方说可以了，表示感谢后回到座位。

培训师数了数垃圾桶里的报纸，接着交上第二位经理。

"嗯，你的任务就是在一分钟内，把报纸卷紧塞进垃圾桶，越多越好，目标是超过21份。"

第二位经理是女士，着手要完成规定的任务，结果塞进了29份。

培训师于是叫上了第三位经理。

他说："好的，你已经看到另外两位所取得的成绩了，你觉得自己在相同时间内能做到多少呢？"

"我能打败他们两个——没问题！"第三位经理边说边卷起自己的袖子，成功塞进了33份报纸。

第一位经理大叫："不公平，你都没有告诉我规则。"

第二位经理悲叹："不公平，你都没有给我选择余地。"

第三位则说："很公平，我知道要在何时做何事，更重要的是，我可以对自己能取得的目标有表达权。我给自己定下来最高目标，并成功完成了。"

有轨电车

一、项目介绍

这个项目的名称叫有轨电车，这是一个以团队挑战为主的项目，挑战我们协调一致、团结合作的能力。有轨电车项目如图 8-4 所示。

团队挑战人数 14 人左右，多组同时开展效果较好。

项目完成时间：60 分钟。项目布课时间：5 分钟。项目挑战时间：30 分钟。回顾总结时间：25 分钟。

户外空场地一块，电车每组一套。

有轨电车在学校开展时，应当考虑电车对场地的要求，尽量不要将木制的电车在室外塑胶篮球场或室内篮球场使用，避免对地面造成破坏。如需在室内体育馆活动，可以参照"同心群悦"机构设计的布制电车。

图 8-4　有轨电车

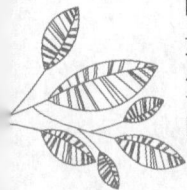

二、学习目的

（1）培养学生获取胜利的信心和勇于向前的精神。

（2）掌握基本方法后多练习，在实践中不断磨合提高成绩。

（3）了解协作的一致性与指挥方式的作用。

（4）理解个人、小团队、大团队的相互关系。

三、布课过程

（1）这个项目的名称叫有轨电车，这是一个团队挑战项目。

（2）学生按照电车上绳的数量站在电车上，通过团队努力开动电车。

（3）活动过程中要保持步调一致，否则请尽快调整，如果调整不及时出现摔倒的情况，手要扔掉绳子，同时大声地叫停告知同伴。

（4）活动中注意安全，演练成功后，进行 3 次 30 米左右的测试或比赛。

小贴士

三轮比赛规则可以进行改变，第一轮队友可以在旁边助威，而第二轮不可以助威，但电车上的队员依然可以喊口号，第三轮则要求全体成员都不能发出声音和打出任何手势。

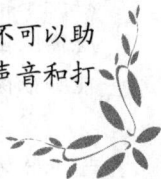

四、项目控制

安全监控：

（1）学生如有严重外伤史和不适合剧烈运动的可以不做此项目。

（2）尽量安排在平整开阔的场地上。

（3）避免学生在过程急走急停，启动统一，停止时先减速再统一停下。

（4）如果安排拐弯，要防侧滑。

（5）教师一定要跟随在"电车"侧前方 1.5 米左右观察学生，做好防护准备。

项目布置阶段：

（1）语言精练，重点突出，讲解清楚，及时反馈，确保学生了解任务要求。

（2）人数多时可以交替使用"电车"，建议一名教师只监控一套电车。

项目挑战阶段：

（1）先让学生自己探索，各组分开练习，鼓励不同的方法和思路。

（2）不在电车上的学生可以在旁边提示、一起喊口号或保护，积极参与活动或随时替换部分学生。

（3）如果有指挥，可以是参加活动的学生指挥，也可以专人在队外指挥，在团队默契程度不够时最好有统一指挥。

（4）比赛可以采取多轮进行，第一轮采用练习的方法进行，第二轮要求偶数学生向后转站在电车上进行，第三轮要求齐声唱歌进行，第四轮可以采用全体学生在静音的情况下进行。每一轮之间可以适当给 3～5 分钟练习时间。

五、分享、回顾与总结

（1）对所有人齐心协力完成项目的团队给予鼓励，并对大家的不断进步给予肯定。

（2）对活动中存在的问题进行简单的总结，尤其是在关键时刻提出关键建议并对提高活动效果的人和事进行回顾。

（3）完成任务的标准需要所有人的妥协与集中，就此和队友们分享自己的感受。

（4）经验是在不断地尝试与失败中总结出来的，积极地尝试对完成任务的重要作用。

（5）统一的指挥对完成任务的重要作用，指挥者和领导者的异同是什么。

（6）可以就此分享"雁群理论"。

雁群理论

集体就像雁群：当雁群鼓动双翼时，队尾随的同伴都具有"鼓舞"的作用，雁群一字排开成 V 字形时，比独雁单飞增加了 71% 的飞行距离。不论何时，当一只雁脱离队伍，它马上会感受到一股动力阻止它离开，借助前一只伙伴的"支撑力"它能够很快地回到队伍中。

当领头雁疲倦时，它会退回到队伍中，由另一只接替它的位置。

队伍后面的雁，会以叫声鼓励前面的伙伴继续前进。

（7）不同步幅与节奏产生的效果不同，成绩也各不相同，团队之间互相学习、取长补短，感受"不以打败拙劣的对手为目的，而以通过竞争共同提高为目标"的意义。

（8）团结就是力量。

与拥有相同目标的人同行，能更快速、更容易地到达目的地，因为彼此之间能够相互推动，如果我们与"雁群理论"中的大雁一样聪明的话，我们就会留在与自己目标一致的队伍里，而且乐意接受他人的协助，也愿意协助他人；我们是相互依赖的，我们必须确定从我们背后传来的是鼓励的叫声，而不是其他的叫声；如果我们与大雁一样聪明的话，我们也会相互扶持，不论在多么困难的时候，都必须记住——独雁难行千里，群雁齐翼翱翔！

六、重点细节

（1）团队各成员必须协调调动滑板，相互交流、合作，滑板上的人越多难度越大。

（2）有人失去平衡或倒地后，其他学生不要剧烈提放"电车"，学生不要用手去扶"电车"。

（3）注意拐弯或设计特殊路段。

七、课后小结

有的队伍在练习时效果较好，对于比赛也是胜利在握，但比赛结果却出人意料，需要教师在项目结束后进行深刻的总结和引导。

小故事

一个外企招聘白领职员，吸引了不少人前去应聘。应聘者中有本科生，也有研究生，他们头脑聪明、博学多才，是同龄人中的佼佼者。聪明的董事长知道，这些学生有渊博的知识做后盾，书本上的知识是难不倒他们的，于是，公司人事部就策划了一个别开生面的招聘会。

招聘开始了，董事长让前6名应聘者一起进来，然后发了15元钱，让他们去街上吃饭。并且要求，必须保证每个人都要吃到饭，不能有一个人挨饿。

6个人从公司里出来，来到大街拐角处的一家餐厅。他们上前询问就餐情况，服务员告诉他们，虽然这儿米饭、面条的价格不高，但是每份最低也得3元。他们一合计，照这样的价格，6个人一共需要18元，可是现在手里只有15元，无法保证每人一份。于是，他们垂头丧气地出了餐厅。

回到公司，董事长问明情况后摇了摇头，说："真的对不起，你们虽然都很有学问，但是都不适合在这个公司工作。"

其中一人不服气地问道："15元钱怎么能保证6个人全都吃上饭？"

董事长笑了笑说："我已经去过那家餐厅了，如果5人或5人以上的人去吃饭，餐厅就会免费加送一份。而你们是6人，如果一起去吃的话，可以得到一份免费的午餐，可是你们每个人只想到自己，从没有想到凝聚起来，成为一个团队。这只能说明一个问题，你们都是以自我为中心、没有一点团队合作精神的人。而缺少团队合作精神的公司，又有什么发展前途呢？"听闻此话，6名大学生顿时哑口无言。

击鼓颠球

一、项目介绍

这个项目的名称击鼓颠球，也叫同心鼓，这是一个以团队挑战为主的项目，挑战我们团结协作的能力。击鼓颠球项目如图8-5所示。

团队挑战人数14人左右，最好2个以上团队同时进行。

项目完成时间：90分钟。项目布课时间：10分钟。项目挑战时间：40分钟。回顾总结时间：40分钟。

图8-5 击鼓颠球

平整空旷场地 1 块，拴有 10～20 根细绳的同心鼓一面，围绳上带有软质把手拉环；排球、网球、弹力球等均可。同心鼓 20 根围绳可以每人拉 2 根，也可以随时拆卸围绳让每名学生拉 1 根，最多可以 20 人同时使用。

二、学习目的

（1）全体学生取长补短、团结协作完成共同目标。
（2）培养学生不怕挫折、不断进取、争创佳绩的意识。
（3）体验互相鼓励完成任务的作用和创造高绩效的愉悦感。

三、布课过程

（1）这个项目是一个典型的团队协作项目，要求我们在保证安全的情况下，尽可能多的创造颠球纪录。
（2）每个人牵拉 1～2 根鼓上围绳的把手，将球放在鼓面上或抛起落在鼓面上，一起将鼓上的球连续颠起。
（3）颠球开始后不要将鼓落在地上，球失控飞离鼓面后，派专人捡球或随机一人捡球。
（4）每组学生的最低纪录不应少于 N 个，数量看鼓面的大小而定，一般 100 个为佳。

小贴士

经过改进的直径 44 厘米的学校标准同心鼓在正常天气下，学生练习 40 分钟左右，平均可以完成 80 个以上，武汉船院学生最好成绩为 236 个。学生比赛时最好限定时间 2 分钟，否则很难失误停止计数。

（5）球颠起的高度不低于鼓面 20 厘米，否则此球不计数，无法或从头计数。
（6）颠球过程中注意安全，教师叫停时必须停止，因场地原因停止，可以据情况决定是否累加。
（7）争取通过多次练习感受团队成长的过程。

四、项目控制

安全监控：
（1）所有的绳子都有学生牵拉，防止落到地上绊倒学生。
（2）要有足够大的平坦场地，检查场地上不要有石头、木棍等硬物。
（3）学生需穿运动鞋参加颠球活动。
项目布置阶段：
（1）语言精练，重点突出，争取给学生更多时间练习。
（2）确认人数与鼓绳的数量关系。

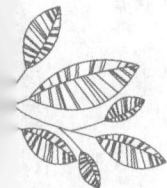

（3）安全要求讲解不能省略，确保学生的安全。

项目挑战阶段：

（1）教师可以帮助将球放在鼓面上，也可以由学生选派一名或随机安排放球学生。

（2）学生在屡次受挫后可以鼓励告知："不要放弃，再坚持一会就会有奇迹发生"。注意提醒他们要加强协作，可以悄悄告诉他们，一定要移动、把绳拉紧，不要用力上抬，确保把球落在鼓面中间的位置、大家一起数数等。

（3）如果进入场地边缘地带要提醒关注脚下，不要撞到场地周围物体等。

（4）展示或比赛时，开始后球不得落到地上，否则从 0 开始计数。

（5）一般不告诉其他队伍的最好成绩是多少，每个队伍的最好成绩就是自己团队的记录，除非他们打破当地或者本机构的记录时可以一同庆贺或者颁发奖品。

五、分享、回顾与总结

（1）通过团队成员的协作，体验目标管理。

（2）民主的讨论之后如何形成决策的，是否每一个人都了解决策的结果，这对于执行有何帮助？

（3）如果在短时间内无法制定出方案，懂得先做后说比纸上谈兵要重要得多。

（4）和预料的结果不同时如何调整与应对是很重要的。

（5）通过整个过程，感悟团队协作的成长过程。

小贴士

团队成长过程

形成期：最初几乎无法完成，不像一个团队。

动荡期：争论多，练习少，绩效差，时好时坏，不稳定。

规范期：找到方法，可以相对稳定的达到或超出预期的成绩，但会出现不知原因的失误。

运行期：成绩稳定，基本每次都能达到预期的较高目标，偶尔会出现失误。

（6）现在是一个以结果论成败的时代，我们关注过程，但也注重结果。

六、重点细节

（1）不要将鼓重摔在地上，可以在练习前告知学生，如果摔在地上将全体接受惩罚，比如做 3 个俯卧撑之类。

（2）在移动中的安全问题要不断提醒和关注。

（3）学生出现倦怠时，要抓紧时间进行激励，可以采用比赛等方式。不要出现多次长时间休息，容易造成团队的懈怠。

七、课后小结

（1）本项目可适用于团队组建末期，活跃团队气氛，增进团队活力。

（2）注意控制项目挑战时间，不宜过长，以免学生出现体力透支情况。

小故事

酷热的天气，山坡上的草丛突然起火，无数蚂蚁被熊熊烈火逼得节节后退，火的包围圈越来越小，渐渐地蚂蚁似乎无路可走。然而，就在这时出人意料的事发生了，蚂蚁们迅速聚拢起来，紧紧地抱成一团，很快就滚成一个黑乎乎的大蚁球，蚁球滚动着冲向火海。尽管蚁球很快就被烧成了火球，在噼噼啪啪的响声中，一些居于火球外围的蚂蚁被烧死了，但是更多的蚂蚁却绝处逢生。

蚂蚁的抱团是与命运的抗争，是力量的凝聚，是团队协作的手段，为共渡难关、获得新生所做出的必要努力。无此一抱，蚂蚁们必将葬身火海，精诚团结则使得它们的群体得以延续。

蛟龙出海

一、项目概述

蛟龙出海是一个团队配合的项目，全队的伙伴用绑腿绳将脚连在一块，通过侧行和前行规定的路线，在尽量少的时间内从起点到达重点。在这个项目中，团队配合是至关重要的，如何调整自己与团队的步伐，成为团队成功的关键。蛟龙出海项目如图 8-6 所示。

图 8-6 蛟龙出海

团队挑战人数 14 人为宜，人数较多时可分成多个小组。项目完成时间：60 分钟。项目布课时间：10 分钟。项目挑战时间：30 分钟。回顾总结时间：20 分钟。

10 米×20 米以上的平整地面，绑腿带 $n+1$ 根（n 为人数）。

二、学习目的

（1）通过不断的磨合，提高团队协作能力。

（2）提高在练习中调整并形成统一的行动标准，通过高效的重复练习提高成绩。

（3）提升组织效率。

（4）认识统一指挥的意义与重要作用。

三、布课过程

（1）将队员带到固定场地，并按安全要求摘除身上可能在活动中造成伤害的硬物等。

（2）发给每人一根绑腿绳，排成一排用绑腿绳将相邻的两只脚在脚踝部连接在一起，然后互相搭肩站立。

（3）挑战任务时所有人排成一列横队，在起点缓冲区将脚绑在一起，队首不能超过起点线。活动开始后沿路线向右侧前进，队尾超过长边后排成一排前进，走完长边后全队侧行向左前进。整个过程需要在规定的区域外完成，不能踩线。

（4）各队练习30分钟，然后进行挑战比赛。

（5）完成路线用时最少的队伍获胜。

四、项目控制

安全监控：

（1）场地必须是平整宽敞的地面，所有参赛队员只能穿运动鞋，不得穿钉鞋。

（2）了解学生身体情况，如有头、颈、肩、背、腰、骶受伤史，严重的心脏病、心脑血管疾病、低血糖、高血压者不宜做这项目。

（3）绑腿带松紧度适宜，向前行时注意调整速度，不要急于求成，避免摔倒受伤，避免出现踩上脚、扭伤脚踝或摔伤。

（4）注意侧倒时一定不要坐向相邻队友的膝关节处，以免产生膝关节内侧损伤。

（5）在较硬的地面上活动时，可以戴手套或者护膝。

（6）建议不要太快，练习时间不长时一般不会快速奔跑，摔倒的可能性较小。可以适当指导如果全队停下来，即使听到哨声也应该缓冲两步再停下。

（7）教师站在距离队伍一米处，准备一个哨子，发现有危险时，随时吹哨停止活动，时刻关注每一位学生，一旦失去平衡，立刻叫停。

项目布置阶段：

（1）发令前，每队按横排立于起点线后，分别将相邻队员的左右腿用绑绳绑在一起（绑在踝关节附近）。

（2）规定所有队员以站立方式起跑，听到发令后，同时走或跑向终点，用时少者名次列前。

（3）强调在行进中所有相邻队员两腿自始至终要用绑腿绳绑在一起，如遇脱落，需在原地重新系好后才可继续行进，否则成绩无效。如中途有队员摔倒，待整理好后可继续行进。

（4）各组出一到两名队员指挥保护，其余队员排成一横排，手挽手。

项目挑战阶段：

（1）在训练开始前，排好队员的位置，根据队员的身高以及体质均衡进行安排，队员的位置确定后，要保持一定的稳定性，尽量不要变更。在训练原地踏步、跑步的时候一定要在抬腿的高度上多下工夫，为以后跑步打好基础。

（2）跑步的时候，整队的排面整齐就尤为重要，所有队员都要时刻注意排面的情况，当队伍发生一定程度的不平衡时，在前者稍微放慢，在后者稍微加速，但任何一名队员都不可停下。

（3）当有人摔倒时，所有队员应该尽快停下，以防相互间拉伤。排面不整齐是引起训练中摔倒的最常见原因，所以关于排面问题定要一直抓，坚持下去，让注意排面整齐成为队员们的下意识的习惯。进行跑步训练的初期，不要求速度，只要每次都可以完整地跑完训练长度即可。在这个时期，一定要注意总结训练中出现的问题，多发现多解决，早发现早解决。

（4）在队员基本上熟悉跑步的动作和技巧之后的训练中，则要在速度上不断地进行突破。在这个训练时期，训练强度比较大，队员们每一次竭尽全力跑完规定的长度后，要进行充分的休息，不可操之过急，连续的高强度训练会加大行进中出现意外的危险。但这个训练阶段，每跑一次要有一定的效果，一定要充分挖掘队员们的潜力，在一定的长度内不断地提高速度，缩短时间。在训练的中后期，最重要的问题是要保证队员的安全，防止队员受伤，从而保持队员的稳定和队伍整体实力的稳定。

五、分享、回顾与总结

（1）在这个活动过程当中大家感受最深刻的是什么？一般是感觉竞争激烈、但是需要循序渐进，不能操之过急，要步调统一等。

（2）大家是怎样讨论并产生活动方案的？产生的方案在实践中可行吗？如果不可行，你们是如何修正的？

（3）开始练习后，怎样解决步调一致问题，也就是如何确定统一行动的？每相隔一人的队友同一只脚移动，也就是我们需要将人员的左右脚分成两部分进行移动。可以先练习一只脚同时后撤来区分移动的脚。

（4）各自如何找到和团队其他成员相互配合的方法的？最初我们主要解决和相邻队友的协调关系，慢慢的我们发现需要解决是和团队所有人员的配合。

（5）在工作之中很多问题需要和其他人一起才能解决，如何才能在工作中灵活处置？在看似零散的状态下寻找规律，同时要和其他人一起按照统一的规律，及时纠正偏差，朝着目标，一步一步地前进，从而解决所遇到的各种问题的问题。

（6）统一指挥非常重要。可以由一个人指挥喊口令，也可以大家一起喊行动口令。你们是如何做得，效果如何？

（7）大家觉得怎样才能够做得更好，脚步匀称，节奏感好，最重要的是多鼓励练习。

六、重点细节

（1）在进行跑步训练的初期，不要求速度，只要每次都可以完整地跑完训练长度即可。在这个时期，一定要注意总结训练中出现的问题，多发现多解决，早发现早解决。

（2）在队员基本上熟悉跑步的动作和技巧之后的训练中，则要在速度上不断地进行突破。在这个训练时期，训练强度比较大，队员们每一次竭尽全力跑完划定的长度后，要进行充分的休息，不可操之过急，连续的高强度训练会加大行进中出现意外的危险。但这个训练阶段，每跑一次要有一定的效果，一定要充分挖掘队员们的潜力，在一定的长度内不断地提高速度，缩短时间。

（3）在训练的中后期，最重要的问题是要保证队员的安全，防止队员受伤，从而保持队员的稳定和队伍整体实力的稳定。

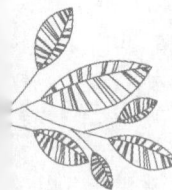

七、课后小结

（1）学生迟迟不能投入练习时，可以适当指导。

（2）可以做统一的预备动作，如统一后撤一步做准备，易于分辨哪一只脚先行动。

（3）遇到个别队员实在不能和队伍节奏合拍，其他人急躁或可能造成危险时，可以通过婉转的方式将其从队伍中"请出"作为指挥或观察员。

（4）可以定一个活动的及格线，要求大家必须完成。

（5）蛟龙出海是拓展训练一项非常具有挑战性的项目，该项目能充分体现学生的配合能力和默契度，体现了合作精神；有利于培养学生的集体主义观念，通过这个项目，学生的集体意识显著增强，项目中学生要灵活应变，训练过程要从易到难，循序渐进，从而更好地与其他队友配合，发现规律，找到统一的步伐，完成看似不能完成的任务。

阅读材料

在现实社会中，在学习生活中，我们在提倡个性张扬的同时更多强调的应该是团结与合作，不管是班级内部，还是班级之间，只有精诚团结，每一个人把自己的全部身心交给自己的团队，才能创造 1+1>2 的可能，我们的学习才会一步步跃上更新的台阶。

通过这次拓展训练，感触良多，拓展训练不仅拓展了我们的体能和智力，更重要的是它改变了我们的某些思维模式和理念，激发了我们早已沉睡的一些潜能。它把深奥的理论溶入一个个看似简单的活动中，让我们自己去思考，自己去领悟，自己去提炼。蛟龙出海最大的特点就是所有人都要参与进来，所有人必须按部就班，必须完全融入这个团队，不能有自己的个人行为存在，所以团队要有高度一致性，可以说蛟龙出海对于同学们平时的学习生活有着潜移默化的影响，某班级在入校以来，班级比较涣散，平时班级的管理难度也很大，同学们直接交流也很少，参加了素质拓展，在分享环节，有同学就说，从来没见过班级像今天这样看着更像个集体，从那之后，班里的同学变得更加团结互助，可见，拓展训练的作用是很显著的。

孤岛求生

一、项目介绍

这个项目的名字叫孤岛求生，这是拓展训练针对企业管理设计的最经典的项目之一，看似简单的活动所蕴含的道理、揭示的问题、对人的震撼，能够让人回味无穷。在孤岛上发生的场景，在生活中随处可见，望以此为鉴，扬长避短，对真实生活有所帮助。孤岛求生项目如图 8-7 所示。

团队挑战人数 14 人左右，适宜范围 9～18 人。项目完成时间：100 分钟。项目布课时间：10 分钟。项目挑战时间：40 分钟。回顾总结时间：50 分钟。

图 8-7　孤岛求生

120厘米见方的25厘米高的专用孤岛或60厘米×60厘米×25厘米的木质方箱12个左右、25厘米见方的木箱一个、长2米左右，25厘米宽，3厘米厚的木板两块（木板横向叠放在盲人岛上）、一个塑料桶、羽毛球5个左右、任务书一套、白纸3张、生鸡蛋2个、筷子2双、一段50厘米透明胶带缠在筷子上、1支笔、眼罩6个。

场地要求：平坦，方箱摆放紧密平稳；三座岛之间的距离以木板可以平板搭上为准，如图8-8所示。

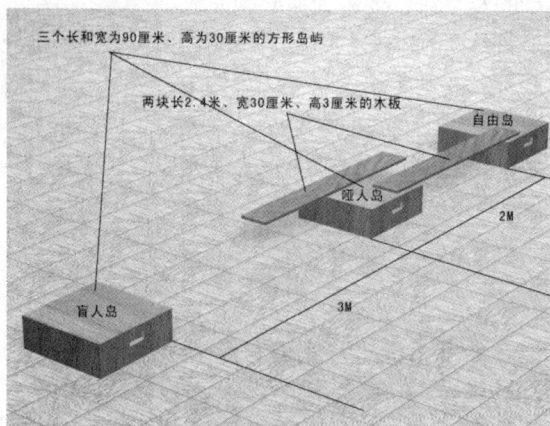

图8-8　孤岛求生场地示意图

器材要求：木板无裂纹，哑人岛、自由岛相对大一些。

二、学习目的

（1）层级之间、部门之间以及不同角色人员的有效沟通。
（2）领导艺术与领导力的学习。
（3）突破思维定势，培养创新与风险意识。
（4）信任与合作。
（5）时间管理与"二八"法则。

三、布课过程

（1）所有学生随机报数分成3组，人数不平均或有针对性的小范围内适当调整。

小贴士

最后不要把领导者或团队队长放到自由岛，可以做盲人岛的成员。

（2）先将一组人带至哑人岛，告诉他们："从现在开始你们就成为哑人，任何人不许从嘴里发出任何声音，你们之间相互也不得交流，如果违规，将进行'惩罚'或取消资格"。
（3）将一组人带至自由岛。

（4）请最后一组人先戴上眼罩，带至盲人岛。

小贴士

将消毒后的眼罩发给学生，如有戴眼镜者则请其先摘下眼镜交给教师，强调一定保证什么也看不见并用手在露缝隙处晃动检查。带至盲人岛的过程中应告知："请大家手拉手跟我走，慢一点，不要着急。"随时告知他们前面的路况，接近盲人岛时："现在先停一下，我们前面有一个大约 25 厘米高的平台，慢慢站上去，注意不要磕着腿，站上去后先不要乱动。"逐一将盲人送上岛，待所有人站到岛上后说："现在大家可以感受一下边缘和高度，注意不要掉下去。"

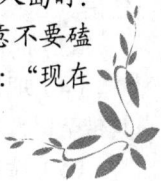

（5）将自由岛任务书、鸡蛋、笔、白纸、筷子与胶带发给远离其他岛方向的学生。

（6）将任务书交给哑人岛任一人，最后将盲人岛任务书悄悄塞到一名学生手里，并将羽毛球分发给不同学生。

（7）面对三个岛高声宣布："请大家安静了，我们的项目马上开始，这是一个团队合作项目，叫做孤岛求生，要求大家在 40 分钟内要完成这个项目"。

小贴士

这一条务必要告知学生，如果没有几遍反复强调"这是团队合作项目"，最后学生在没有完成项目后，就会找规则的漏洞，引起不必要的争议。

四、项目控制

安全监控：

（1）重点注意监控盲人岛上的学生，在等待救援时，及时提醒他们注意自己在岛上的位置，不要掉下去。

（2）在木板搭好后盲人向其他岛移动的过程中严密监控盲人，以防其掉下木板，拓展教师应跟随其一起移动，张开手臂做出保护的姿势，但与学生身体保持适当的距离。

（3）一个岛上集中人数较多时，尽量将盲人安置在岛的中间部分。

（4）提醒盲人在摘眼罩时要先闭眼在摘眼罩，捂住眼睛再慢慢睁开眼。

（5）哑人运用杠杆原理搭板时，提醒不要压伤手指，同时注意监控不要压伤学生的脚，木板搭好后防止呈跷跷板状态。

（6）大多数人集中至一个岛上时提醒他们相互保护。

项目布置阶段：

（1）学生人数不应少于 8 人，其中哑人岛不应少于 3 人。

（2）如团队中有人做过此项目，则将其派至盲人岛并告知他既聋又哑，不用过多参与或安排其做观察员和记录员。

（3）可采用预先分组的方式，如将团队中人员的职业角色与岛上角色互换，以达到换位思考的目的，采用随机分组的微调也尽量如此。

（4）男女搭配分开，哑人岛上尽量安排一个力气大的男同学。

项目挑战阶段：

（1）严格按照规则要求学生，如发现盲人摘眼罩，哑人说话时应立即制止，并告知再违规将受到处罚。

（2）密切监控哑人在盲人未投进球前不得挪动木板，告知他们违例或说："不能动"等警告语。

（3）时间过去大半仍无人下岛，建议提醒学生反复、认真、仔细地看任务书。

（4）项目伊始有人无意落水，建议装作没看见，时间过半可以利用学生偶然落水的机会将其带至盲人岛。

（5）除盲人外其他人不得触球，盲人长时间仍无法扔进球可将桶挪近。

（6）健全人、盲人不得帮助搭放木板，哑人特别努力但木板的一端仍轻微着地时可以不将木板拖至盲人岛。

（7）如发现学生有隔岛传递或两岛之间传看任务书的情况则应制止。

（8）项目结束后，所有器械必须立即复位，回顾结束任务书必须收回。

五、分享、回顾与总结

（1）让三个岛上学生相对集中围坐一起，让盲人坐在你的左边，哑人在你的正面，自由人坐在你的右边，谈谈自己感受，可以让他们自由争辩一下，教师记录他们的言论。

（2）教师不要过早进行总结，让学生先理清完成任务的步骤。

（3）分别把3个岛上学生的任务书由各自的岛上成员大声读一遍。

（4）完成任务程序确认后，引导学生不再谈完成任务求救的方法与技术问题，可以谈谈问题出现在哪里，从而影响顺利完成任务。

（5）引导学生比较分析三个岛各代表高层、中层、基层的哪个层，并确认理由获得其他学生的认可，有争议可以提问：高层是否决策、制定整体计划和目标。哪个岛知道最终任务？哪个群体需要别人不断指挥和按照要求工作？投球的人没有人指挥能完成任务吗？

（6）对不同层级的学生重点分析一个层级为主。

（7）最大的困难是沟通，沟通方式、对象、时机的选择，信息的不对称，信息的发送、接受与反馈。学生谈过之后进行总结，针对哑人岛谈谈怎样才能做好信息的上传下达。

小知识

杰亨利沟通窗

杰亨利沟通窗模型（如图 8-9 所示）的核心是坚信相互理解能够提高知觉的精确性并促进沟通的效果。该模型从两个维度上划分了促进或阻碍人际沟通的个体倾向性：揭示和反馈。"揭示"指的是个体在沟通过程中坦率公开自己的情感、经历和信息的程度；"反馈"是指个体成功地从别人那里了解自己的程度。

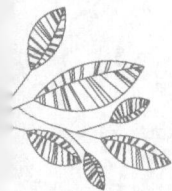

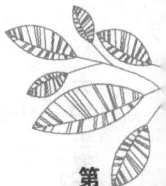

开放区：是指你和别人都知道的信息。

盲区：是指那些别人很清楚而你自己不知道的事情，这种状况是由于别人没有告诉你或由于你的自我防卫机制拒绝接受这些信息造成的。

隐藏区：是指你自己知道而别人不知道的信息，其中包括我们自己很清楚却没有告诉别人的事情或情感，之所以这样做事因为害怕别人利用这些信息来贬低我们或反对我们。

图 8-9 杰亨利沟通窗

未知区：包括那些自己和别人都不知道的情感、经验和信息。

真正而有效的沟通，只能在开放区内进行，因为在此区域内，双方交流的资讯是可以共享的，沟通的效果是会令双方满意的。但在现实中，很多沟通者对彼此都不很了解，很无奈地进入了隐藏区，沟通的效果就可想而知了。

为了获得理想的沟通效果，就要通过提高个人信息曝光率、主动征求反馈意见等手段，不断扩大自己的开放区，增强信息的真实度、透明度。在沟通的策略上，可以在隐藏区内选择一个能够为沟通双方都容易接受的点来进行交流，这个点被叫做"策略资讯开放点"。当双方的交流进行了一段时间，"策略资讯开放点"会慢慢向开放区延伸，从而实现公开区被逐渐放大。需要注意的是，选择"策略资讯开放点"时要避免过于私人的问题，如心理健康、严重的过失等。

案例 1：在某次拓展训练课程中，哑人岛上有一位女生，看得出来，她是一个思维清晰、意志力很强的人。项目开始后不久，她就读懂了任务书，利用规则，果断下水去帮助盲人，并把盲人都接到了哑人岛上。回到了哑人岛上，她开始招呼自由岛健全人，并示意他们下水，可是，健全人给她解释说，应该在我们这个岛上。但是，她好像根本就不要听，而是态度非常坚决地执意要健全人下水，我也不知道她在他们的班级里是什么职务，健全人没有办法，就全体都下水漂到盲人岛上，她又指挥哑人把他们都接到了哑人岛上，这时，她高兴地举手向我示意，我问她"怎么了?"她回答说：项目完成了。教师把健全人的任务卡递到她手上，让她好好看看，看过之后，她才明白自己错了，又赶紧指挥大家向自由岛上转移，但是，已经没有时间了，项目最终没有做成。

案例 2：有位刚上任没有多久的年轻的中层管理者王某。为了突击完成一个任务，王某要求员工加班加点。结果他们经过几天的努力，终于保质保量地完成了任务，客户对该部门的表现提出了表扬，总经理也表示，这个部门非常辛苦，今后有些政策会向我们这个部门倾斜。在部门的总结会上，有员工提出加班工资的问题，王某觉得这很有必要，因为大家那么辛苦，又没有什么怨言，给大家发点儿加班费理所当然，王某当场拍板，吩咐行政秘书，做好单子由他来批准，因为这是在他的管辖范围内，有权做这个决定。过了一些日子，总经理找到王某，质问给员工发加班费的事为什么不事先和他沟通一下，现在有好几个部门都在要求补发加班费。

启示：这样类似的事情在现实的工作中经常发生，根源就在于中层管理者的"有限信息"的局限，因为他们不可能知道高层正在考虑的是企业未来发展的战略，以及为了实现这个战略目标对组织有限资源合理配置的思路，而只是看到自己部门的实际情况，因此，为了本部门的利益，就常常做出这种"局部合理、最适"，而不是

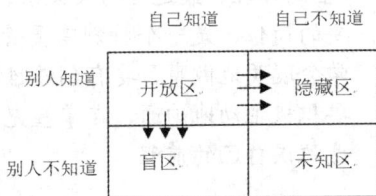

"全局合理、最适"的决策来。综上所述，中层管理在企业和组织里是一个关键而重要的岗位，是一个特别需要管理智慧的岗位，因此，在这个岗位上的管理者必须要学会聪明地做事，要有创造性思维，就像在孤岛求生项目过程中，要利用规则下水，要积极主动地沟通，在掌握充分信息的情况下，做正确的事，否则既无法完成任务，也耽误自己的前程。

（8）突破语言和文字的误区，突破常规思维，通观全局养成"粗读"与"精读"相结合的习惯。

（9）对自由岛上的人如何选择可跟学生分享"猴子跳到谁的身上"和"县长的大小事"，分析紧急与重要的事情与不同层级人员关系，使用"时间象限图"与学生探讨。

阅读材料

猴子跳到谁的身上

当一个领导坐在办公室的时候，"梆、梆、梆"，有人来敲门了。这时候，走进一个下属，他在走进的同时，身上还背着一只"猴子"（工作任务）。这个下属进来，一般他会说"领导，您看这件事该怎么办？"这个时候，他身上那只猴子有一条腿就悄悄地搭在了你的肩上，这只猴子脚踏两只船了。如果你不小心、不警惕，用传统的思维来处理事情的话，这个时候一般会说"哎呀，这件事呀，我还没怎么想好。"你怎么能想好呢？你不在第一线，你不了解实际情况，他在第一线，他了解实际情况，他都没想好，你怎么能想好呢？"哎呀，让我想一想吧。"或者说"明天吧。"话音刚落，那只猴子就完全跳到了你的身上。你这位下属就兴高采烈地甩掉了自己的猴子，高兴地离开了你的办公室。

这样的下属多了，你的办公室里就堆满了他们的猴子。可怜的是，你自己的那只猴子，被冷落到墙角，没人关爱，没人喂养，饿得嗷嗷直叫。

那么，你需要如何做才能避免下属的"猴子"跳到你的背上呢？

下属进来后，你要紧紧地盯着他身上的"猴子"，而不是他本人。你要小心地不让它把两条腿放过来。他进来后，一般会说："领导，您看这件事该怎么办？"这个时候，你绝对不要动脑筋，而是用一句固定的话来回应他，3个字，一个字也不要多说，这3个字就是"你说呢？"你在第一线，你最了解情况，又是你的事情，那么"你说呢"就很简单地把这个球踢回去了。这个时候，就轮到你的这个同事说"哎呀，这个事，这个事还没怎么想好。"没想好吗，很简单，"回去，想好了再来。"于是，他就背着那只可怜的猴子离开了办公室。

第二天，又响起了敲门声。他背着那只猴子又来了。这个时候他显得有些高兴。他一进门就说"领导，那件事，我想好了，你看这样办行不行？"你还是不动脑筋，仍然使用一句话来回应他——这句话，是从美国前国务卿基辛格博士那里学来的。每当遇到这种情况的时候，你就问这样一句话"还有没有更好的方法？"你要我决策，决策是什么？决策，就是选择。你仅仅给我提供一种方法，我怎么选择，我如何决策？在这个时候，他马上会这样说"哎呀，我只想了一种方法，第二种方法还

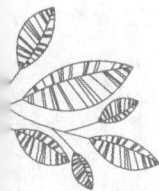

没想好。" 没想好吗？不用你说什么他自己就回去了。

到第三天、第四天你再也听不到敲门声了。为什么？他会连两种方法、三种方法都想好了，还来找你干什么？当几种方法想出来以后，一比较，应该怎么做，那还不是非常清楚吗？

（10）对盲人岛主要谈谈积极主动的工作愿望、努力想办法完成任务的努力、懂得如何去干工作。而不是"瞎干"或"胡乱干"，推荐"把信送给加西亚"，分享"罗文精神"。

小故事

前两年有一本很流行的书，叫做《致加西亚的信》（如图 8-10 所示），这本书被称作一种由主动性通往卓越的成功模式。其中有一个关于主动性的定义是"主动就是不用别人说就会出色地完成任务的行为"。美国西点军校和海军学院都用这本书来上一门关于自立和主动性的课程。布什总把这本书送给他的助手并在这本上写下这样一句话：你是一位送信者。

故事简介：美西战争爆发，美国 25 届总统麦金莱急需一名称职的特工去完成一项极重要的任务，军事情报局向总统推荐了时任美国陆军中尉的罗文。没有人知道加西亚在哪

图 8-10　致加西亚的信

里，罗文却毫不犹豫、没有任何推诿地接受了这项艰险的任务，他独自一人历尽千难万险，在极端艰难的困境下，以绝对的忠诚、高度的责任感和创造奇迹的主动性，把信件交给了加西亚将军。其后，有关罗文如何把信送给加西亚的故事，以及罗文身上所体现的忠诚、责任、敬业、勤奋、创造精神，随着《致加西亚的信》这本书在全世界广为流传。"送信人"也成了主动性、责任心、执行力和创造力的象征。

（11）彼此的信任与全局观。

（12）层级管理的分析，向下管理与向上管理。

（13）简单的物理定律的运用能力说明了什么？哪些是值得我们反思的？

（14）分享杰克韦尔奇三个层级的"梯子的比喻"。

小贴士

梯子的比喻

高层领导是决定梯子放在哪面墙上的人，中层管理者是决定如何放梯子的人，基层人员是如何使用梯子实现高效通过的人。

六、重点细节

（1）盲人的安全，哑人的自律，健全人的受指责要合理处理。

（2）分享回顾一定要朝积极向上的愿景发展。

（3）宣布项目开始时可以采用此说法"40 分钟后海水将淹没哑人后盲人所在的岛"。

七、课后小结

（1）一般来讲，此项目作为团队融合的第一个重要项目，通过此项目，应在学生心目中树立"团队"和"目标"等概念，这为之后项目的展开奠定了基础。

（2）一般情况下，学生尚未进行系统化的组织培训，在进行此项目时，挑战成功与失败时的体验都很直接和明显，说明拓展培训对学生的触动是很大的，教师应该适时引导，达到教学效果。

阅读材料

两个旅行中的天使到一个富有的家庭借宿。这家人对他们并不友好，并且拒绝让他们在舒适的客房过夜，而是在冰冷的地下室给他们找了一个角落。当他们铺床时，年长的天使发现墙上有一个洞，就顺手把它修补好了。年轻的天使问为什么，老天使答到："有些事并不像它看上去那样。"

第二晚，两人到了一个非常贫穷的农家借宿。主人夫妇俩对他们非常热情，把仅有的一点点食物拿出来款待客人，然后又让出自己的床铺给两个天使。第二天一早，两个天使发现农夫和他的妻子在哭泣，他们唯一的生活来源——一头奶牛死了。年轻的天使非常愤怒，他质问老天使为什么会这样：第一个家庭什么都有，老天使还帮助他们修补墙洞，第二个家庭尽管如此贫穷还是热情款待客人，而老天使却没有阻止奶牛的死亡。

"有些事并不像它看上去那样。"老天使答道，"当我们在地下室过夜时，我从墙洞看到墙里面堆满了金块。因为主人被贪欲所迷惑，我不愿意让主人来分享这笔财富，所以我把墙洞填上了。昨天晚上，死亡之神来召唤农夫的妻子，我让奶牛代替了她。所以有些事并不像它看上去那样。"

有些时候事情的表面并不是它实际应该的样子。而有效的沟通则可以弄清楚事情的真相，也可以校正自己在某些方面的偏差。

曾经有人说，如果世界上的人都能够很好地进行沟通，那么就不会引起误解，就不会发生战争。但事实上，世界历史上战争几乎不曾中断过，这说明沟通的困难程度了。

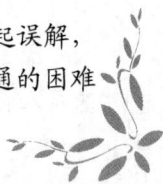

小知识

有效沟通

在团队里，要进行有效沟通，必须明确目标。对于团队领导来说，目标管理是进行有效沟通的一种解决办法。在目标管理中，团队领导和团队成员讨论目标、计划、对象、问题和解决方案。由于整个团队都着眼于完成任务，这就使沟通有了一个共同的基础，彼此能够更好地了解对方。即便团队领导不能接受下属成员的建议，他也能理解其观点，下属对上司的要求也会有进一步的了解，沟通的结果自然得以改善。如果绩效评估也采用类似办法的话，同样也能改善沟通。

在团队中，身为领导者，善于利用各种机会进行沟通，甚至创造出更多的沟通途径，与成员充分交流等并不是一件难事。难的是创造一种让团队成员在需要时可以无话不谈的环境。

对于个体成员来说，要进行有效沟通，可以从以下几个方面着手：

一是必须知道说什么，就是要明确沟通的目的。如果目的不明确，就意味着你自己也不知道说什么，自然也不可能让别人明白，自然也就达不到沟通的目的。

二是必须知道什么时候说，就是要掌握好沟通的时间。在沟通对象正大汗淋漓地忙于工作时，你要求他与你商量下次聚会的事情，显然不合时宜。所以，要想很好地达到沟通效果，必须掌握好沟通的时间，把握好沟通的火候。

三是必须知道对谁说，就是要明确沟通的对象。虽然你说得很好，但你选错了对象，自然也达不到沟通的目的。

四是必须知道怎么说，就是要掌握沟通的方法。你知道应该向谁说、说什么，也知道该什么时候说，但你不知道怎么说，仍然难以达到沟通的效果。沟通是要用对方听得懂的语言——包括文字、语调及肢体语言，而你要学的就是透过对这些沟通语言的观察来有效地使用它们进行沟通。

以上4个"简单"问题，可以用来自我检测，看看你是否能进行有效的沟通。

附　孤岛求生任务书3张

盲人岛——1号岛

任务：

（1）将一个羽毛球或网球投入桶中。

（2）将所有人集中到同一个地方。

可用资源：

（1）数个羽毛球或网球。

（2）你们的聪明才智。

周边地形：

你们现在处在"盲人岛"上，周边是溪流，溪流湍急并布满漩涡，任何欲通过溪流离开孤岛的企图都是徒劳的，只要触及溪流，即会被冲回孤岛；在溪流远处的岩石上固定着一个桶。

规则：

（1）为了安全你们不得踏入激流。

（2）在整个过程中你们不得摘取眼罩。

哑人岛——2号岛

任务：

（1）帮助盲人。

（2）将所有人集中到同一个地方。

可用资源：

（1）两块木板。

（2）你们的聪明才智。

周边地形：

你们处在"哑人岛"上，周边是湍急的水流，任何从岛上坠落的物品，都将被激流冲至"盲人岛"。

规则：

（1）任何物品，任何人触及溪流，将被迅速冲至"盲人岛"。

（2）在盲人岛上的盲人们完成第一项任务前，你们不得使用木板。

（3）在完成任务前，你们不得从嘴里发出任何声音（包括哑人内部）。

（4）只有盲人可以触球。

（5）你们是唯一可以使用木板的人。

自由岛——3号岛

任务：

（1）外包装设计：使用岛上资源，两张纸，两双筷子，一卷小胶带，为两个鸡蛋设计外包装。要求：站在岛上，双手持包装好的鸡蛋，平伸从两米高空自由落体下落，鸡蛋不碎。

（2）将所有人集中到自由岛上。

（3）孤岛决策。

你们正随着一艘游船漂浮在海面上，一场原因未明的大火已经烧毁了船身及大部分内部设备，游船漂流到自由岛后下沉，由于关键航海仪器被损坏，你们不知道所处的位置。最近的大陆约在西南方向上，最乐观的估计，你们距离那里1500千米，下面列出15件未被大火烧毁的物品。你的任务：把这15件物品按其在你们求生过程中的重要程度排列，把最重要的物品放在第一位，次要物品放在第二位，依次类推，直到排至相对不重要的第15件。

十五件物品	序号	十五件物品	序号
指南针		小半导收音机	
剃须刀		驱鲨剂	
1桶25公斤水		5平方米不透明所料布	
蚊帐		1瓶烈性酒	
1桶压缩饼干		15米尼龙绳	
若干太平洋海区图		2和巧克力	

续表

十五件物品	序号	十五件物品	序号
1个救生圈		钓鱼具	
1桶9升油气混合物			

周边情况：

你们处在"自由岛"上，周围是湍急的溪流，任何触及的物品将被冲至"盲人岛"、孤岛中央非常坚固，但当遇到强大压力时，周边的松软土地也将崩塌。

规则：

（1）岛不能移动。

（2）岛的边界不能改变。

（3）所有物品，所有人不得踏入溪流，否则将被立即冲至"盲人岛"。可以运用一些物理原理；但是，如果不能准确运用这些定律，将会导致危险的后果。

挑战 150

一、项目介绍

挑战 150 是以一项个人挑战和团队熔炼相结合的拓展项目，要求团队在 150 秒内完成"不倒森林"、"诺亚方舟"、"集体跳绳"、"能量传输（如图 8-11 所示）"、"巧抛彩球"和"激情鼓掌"共 6 个看似不可能完成的子项目。通过团队的努力，我们将会看到一切皆有可能。

团队挑战人数：不少于 14 人，最好 2 个团队同时进行。项目完成时间：90 分钟。项目布课时间：10 分钟。项目挑战时间：60 分钟。回顾总结时间：20 分钟。

图 8-11 学生在练习"能量传输"

不小于半个篮球场的平整场地；不倒森林用杆一套 8 根或 16 根；巧抛彩球用所用弹力球 1～2 个，直径 5 厘米左右的圆桶 1～2 个；长宽 35 厘米，厚 10 厘米的"诺亚方舟"1 个；可以供 10 人一起使用的跳绳一根；能量传输 20 厘米 5 根，30 厘米 5 根，1 个弹力球（可用乒乓球替代），1 个纸杯。

二、学习目的

（1）培养团队成员统筹协作能力。

（2）培养团队快速学习的能力，激发团队的成长潜力从而走向成熟。

（3）培养学生面对压力与挑战能够坚持不懈地努力和敢于拼搏的精神。

（4）让学生认识到每名成员融入团队的重要性。

（5）学习领会每一个子项目学习其中暗含的道理。

三、布课过程

（1）通过团队的努力，在规定的 150 秒时间内完成 6 个项目。

（2）活动项目。

① 不倒森林：用 8 根 80 厘米或 100 厘米的杆首尾相连组成一个圆后按顺序从一头扶起，右手按在杆头，左手背在身后，保持距离大家同时向前去按前一个人的杆，连续完成 8 次回到原位，杆倒或用手抓杆都从头开始。

② 诺亚方舟：8 个人同时站在 40 厘米方木板上保持 6 秒钟，任何时候有人脚触地即重新开始。

③ 集体跳绳：共需 10 个人参加跳绳，每人跳 10 次，任何时候中断都重新开始。

④ 能量传输：在 6 米的距离内，6～10 人每人手持一截 20～30 米的 U 型管，将小球在 U 型管上连续传递到终点线的杯子里，整个过程不许用手扶球，球落地后从出发点开始重新传递。

⑤ 巧抛彩球：两人相距 3 米以上，一人将球抛出或落地弹起后另一人将球接住。

⑥ 激情击掌：所有人围成一个圆，击掌 7 次，每击 1 次掌说出 1 个字，第 1 次说一个字，第 2 次说前两个字，以此循环增加。击掌是先用双掌拍左边队友肩背部 1 次，然后拍右边队友 1 次，随后体前屈击掌一次，然后拍左边队友 2 次，右边队友 2 次击掌 2 次，如此循环增加直到完成后全体同学跳起完成。以"船院有我更精彩"为例，过程为"1、1、船"，"12、12、船院"，"123、123、船院有"……以此循环。

（3）练习时如果器材不能保证两队同时使用，请队长协商解决。

（4）项目挑战前，各队有 40 分钟时间练习，活动项目和顺序由各组自己决定，练习结束后进行挑战并努力获得成功。

（5）活动中请注意安全并合理分配时间，确保 40 分钟内每个项目都有练习的机会。

四、项目控制

安全监控：

（1）不要拿器械道具玩耍打闹，避免误伤他人。

（2）活动项目轮换时，不要把器械随意扔在地上，按照提前摆设的项目区域适当放置。

（3）一个队挑战时，另一个队在指定的区域内观察。

项目布置阶段：

（1）建议热身游戏：萝卜蹲。

要求：

① 由易到难，由慢到快，如蹲的越来越快，喊的越来越快。

② 口令要整齐一致，动作要整齐划一。

③ 当活动中出现"困难户"时，要改变规则，以趋向公平。

规则：

① 每队分成两个小组，共 4 个小组，各小组取一种萝卜的名字，比如：心里美萝卜、花心大萝卜、胡萝卜、萝卜皮等。

② 口令是"××萝卜蹲、××萝卜蹲、××萝卜蹲、××萝卜蹲完了，××萝卜蹲!"

③ 如出现喊的名字不一致，或反应慢的小组，需要给大家表演节目。

（2）语言精练、讲解清楚，确保学生了解任务要求。

（3）一边讲解一边演练，但不要提示技术要领。

（4）适当提醒学生一个项目不要练习太多时间，各项目都练一遍后再重点练习某些项目。

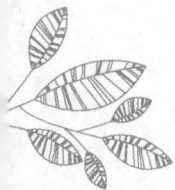

（5）布课过程中要暗示队长的正确组织领导对团队成功挑战起不可忽视的作用。

项目挑战阶段：

（1）在练习一段时间后，教师可以帮助学生测试一次，测试时间最好有一个上限，如5分钟必须结束；对于部分学生挑战困难的项目，如集体跳绳，教师可单独对该项目进行测试。

（2）两队第一次比赛结束后，由队长组织团队成员进行讨论，再给几分钟时间练习，然后进行挑战。

（3）如果成绩不理想，可以征求学生意见进行补练一段时间再次挑战，征求意见时要引导学生继续练习的倾向性。

（4）根据教师引导技术，结合团队挑战情况，可以适当地鼓励和激励，但不要有过于明显的帮助。

小贴士

在布课的时候，根据学生班级团队所处的阶段，可以适当地强调项目的难度以激发学生挑战的激情。在项目练习中，学生问得最多的问题便是"能否同时进行 2 个项目？"，这时教师无需回答，保持沉默即可。项目挑战时，注意控制学生过激情绪，软化团队竞争氛围，多以鼓励为主。

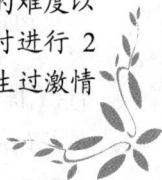

五、分享、回顾与总结

（1）公平公正地对活动结果进行公示，不要对挑战的成败带有太多的偏见。

（2）关于统筹方法对项目的影响，继而了解合理规划统筹对工作绩效的影响。

（3）通过第一次测试和其后的挑战结果，了解团队学习的巨大潜力。

（4）分享每个子项目暗含的道理。

① 不倒森林：只有先照顾好自己的杆，给后来者方便，即所谓的"前人栽树后人乘凉"，我们才能从容地前行，否则急中出乱必将导致恶性循环。

② 诺亚方舟：在有限的空间内完成看似不可能的事情，有时候个体的不平衡感是团体平衡的基础，让出一点个体利益是团体获得成功的保证。

③ 集体跳绳：多人协调一致的努力使获得成功和提高绩效节约时间的保障。

④ 能量传输：每一个人不仅要负责好自己的工作，还要和其他人密切配合，任何环节的失误都会导致功亏一篑。

⑤ 巧抛彩球：关键岗位的顺利完成为全体人员赢得更大的空间和更多的时间，默默付出的人更值得尊敬。

⑥ 激情击掌：激情为我们的工作带来的不仅仅是干劲，其中还有参与其中的快乐。

（5）合理分工和合理配置人员是活动取得成功的重要组成部分。

六、重点细节

（1）注意提醒各队的练习时间，跳绳容易失误，要认真练习。

大学生素质拓展训练

（2）不倒森林容易出现失误，不要在旁边大声地数数或干扰练习，避免激怒个别学生。

（3）可以适当提醒学生注意顺序的合理性，如挑战能力不强的团队可以从学生活动开始时计时。

（4）可以邀请助教或观察员协助教师担任项目挑战监督工作。

七、课后小结

（1）根据实践教学情况，挑战成功率为50%左右，表明项目难度适中。

（2）一般情况下，学生都能很好地顶住压力与挑战，并没有出现团队因承受不了反复失败而团队崩溃的局面，说明绝大多数学生有着较强的情绪控制能力和在逆境中享受挑战的能力。

（3）在三轮挑战中，每次成绩提升空间很大，得益于学生很好地运用了PDCA循环法。

小知识

　　PDCA循环又叫戴明环，是美国质量管理专家休哈特博士首先提出的，由戴明采纳、宣传以及普及，从而也被称作"戴明环"。PDCA是英语单词Plan（计划）、Do（执行）、Check（检查）和Action（处理）的第一个字母，PDCA循环就是按照这样的顺序进行质量管理，并且循环不止地进行下去的科学程序。P（plan）是计划，包括方针和目标的确定以及活动计划的制订。D（do）是执行，具体运作，实现计划的内容。C（check）是检查，总结执行计划的结果，分清哪些对了，哪些错了，明确效果，找出问题。A（action）是处理，对检查的结果进行处理，对成功的经验加以肯定，并予以标准化；对于失败的教训也要总结，并引起重视。对于没有解决的问题，应在下一个PDCA循环中去解决。

小故事

　　某专业某班一名学生走进实训室，桌上，摆着一份全新的电路图。

　　"超复杂……"他翻动着，喃喃自语，感觉自己对电工实训的信心似乎跌到了谷底，消磨殆尽。已经三天了！自从跟了这位新的指导老师之后，他不知道，为什么老师要以这种方式整人。勉强打起精神。他开始接线、下螺钉、调试……工具敲打遮掩了实训室外老师走来的脚步声。

　　指导老师是个极有名的副教授。授课第一天，他给自己的新学生一份电路图。"试试看吧！"他说。因接线难度颇高，学生们错误百出。"还不熟，回去好好思考！"老师在下课时，如此叮嘱学生。

　　学生练了三天，第四天上课时正准备让老师验收，没想到老师又给了他一份难度更高的电路图。"试试看吧"！上次的课，老师提也没提。学生再次挣扎于更高难度的实训。第五天，更难的电路图又出现了。同样的情形持续着，学生每次在课堂上都被一份新的电路图所困扰，然后继续练习、思考，接着再回到课堂上，重新面

临两倍难度的电路，却怎么样都追不上进度，一点也没有因为前几天的练习而有驾轻就熟的感觉。学生感到越来越不安、沮丧和气馁。

老师走进实训室。学生再也忍不住了。他必须提出这段时间来何以不断折磨自己的质疑。

老师没开口，他抽出了最早的第一份电路图，交给学生。"把它接好吧！"他以坚定的眼神望着学生。不可思议的结果发生了，连学生自己都惊讶万分，他居然可以在很短时间内将各种他原以为很复杂的电路图接好，通电后能够正常运行！教授又让学生试了第二堂课的电路图，学生依然准确无误将电路接好……结束后，学生怔怔地看着老师，说不出话来。

"如果，我任由你表现最擅长的部分，可能你还在调试最早的那个电路，就不会有现在这样的程度"，老师缓缓地说。

人们往往习惯于表现自己所熟悉、所擅长的领域。但如果我们愿意回首，细细检视，将会恍然大悟：面对紧锣密鼓的工作挑战，难度渐升的学业压力，持续提升自我，不也就在不知不觉间养成了今日的诸般能力吗？

因为，人确实有无限的潜力！

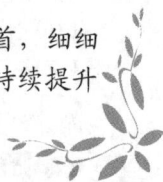

无敌风火轮

一、项目介绍

这是一个团队协作奋勇争先的活动，学生同属于一个"风火轮"，为了一个共同的前提目标不断前进，只要大家通力合作，一定能够创造佳绩并达到成功。无敌风火轮项目如图8-12所示。

（a）　　　（b）

图8-12　无敌风火轮

团队挑战人数不限，人数较多时，需要将队员划分成若干个由14个人组成的小组。项目完成时间：60分钟。项目布课时间：10分钟。项目挑战时间：30分钟。回顾总结时间：20分钟。器材包括报纸若干，胶带，剪刀，计时秒表。
场地要求：干净、宽敞、无障碍的室外场地。

二、学习目的

（1）学会合理分配资源。
（2）培养团队协作的能力并争取取得好成绩。

（3）精诚合作，完美分工获得高绩效。

（4）体会心灵的默契是团队合作的最高境界。

三、布课过程

（1）各组在 15 分钟时间内，利用报纸、胶带以及剪刀制作能容纳 14 人的风火轮。

（2）各组统一在风火轮内站好，由裁判统一发布口令出发。

（3）行进途中，风火轮必须垂直地面，不能将所提供的报纸剪裁、折叠，报纸必须紧密相连。

（4）所有组员必须在圈内，身体的任何部分不得直接接触地面，如有违规接触地面的组员，第一个警告，第二个活动后罚十个抱头蹲起，第三个全组淘汰，取消比赛资格。

（5）行进过程中若风火轮断裂必须在原地修复，在教师许可后才可以继续行进。此时队员可以接触地面但不能阻挡其他组行进的路线，否则将被取消比赛资格。

（6）出发前，所有风火轮不得超出起点线，以风火轮全部通过终点线为项目截止时间。

（7）完全服从裁判原则。

小贴士

可以这样开场导入，以激发出学生参与活动的积极性："同学们，大家好！俗话说'一个篱笆三个桩，一个好汉三个帮'。生活中，许多事情都需要团结合作才能完成的。什么是合作呢？顾名思义，合作就是互相配合，共同把事情做好。在我们的班集体里，同学之间的合作更是必不可少，今天就让我们一起来领略一下同学们的风采，感受一下你们班级团结合作的力量。"

四、项目控制

安全监控：

在足够大的开阔地进行，以免学生撞伤、摔倒。

项目布置阶段：

（1）建议热身项目：学习一个自我激励的手势语。

学生有节奏地鼓掌，教师示范——先用右手拇指碰一下左肩，再碰一下右肩，然后竖直拇指手臂用力伸出去，同时有节奏地喊：我很棒！右手不放下，再换左手反向同样做，同时有节奏地喊：我真的很棒！最后双手收回，各用拇指交叉地碰一下左右肩，然后从胸口拇指竖直手臂用力伸出去，有节奏地喊：我真的真的很棒！

教师鼓掌，学生按节奏学做 3 遍。

小组围成圆圈，将喊的内容改为"你很棒！你真的很棒！你真的、真的很棒！"重复做 3 遍。

最后，全体同学一起齐做上述动作，同时喊：你很棒！我很棒！我们都很棒！重复 3 遍，然后全体热烈鼓掌。

（2）教师布课语言精练，重点突出，讲解清楚，及时反馈，确保学生了解任务要求。

（3）特别要清楚讲明，活动中有问题学生间解决，教师不回答提问。

项目挑战阶段：

（1）行进过程中若有风火轮有破损可以继续前进，但若断裂，必须原地停下修复，修复完

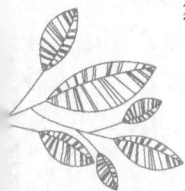

毕后，经教师允许可以继续前进。

（2）行进过程中，任何队员身体的任何部位不可以离开风火轮，接触地面。

五、分享、回顾与总结

（1）在团队中每个人的角色是否有不同？

（2）团队配合的能力来自不断的练习和一次又一次的提高。

（3）团队领导力的作用是什么？如何领导能够让团队做得更好？

（4）合理配置资源，分工配合。

（5）检验组织成员工作主动性，建立团队自己的节奏，协调一致对组织的重要性，个人与团队的相互作用（个人的能量只有透过组织才能发挥出来，如果个人与团队目标不统一，个人能量越大，对组织的破坏性越大，个人发展必须跟上组织的节奏对领导的认同，明确的团队目标,有效的沟通与合作）。

六、重点细节

（1）如果时间允许可以让学生利用所给的报纸、胶带等物品自己制作"履带"。

（2）作为热身辅助活动可以使用提前做好的"履带"进行练习，也可以进行多次练习后的竞赛活动。

（3）在练习一段时间后再进行比赛。

（4）制造公平的竞争气氛。

（5）女生注意不要穿高跟鞋以防游戏无法进行下去。

七、课后小结

（1）课前可以告知学生多备一些报纸、胶带，以防项目进行时缺少材料。

（2）活动中要注意的是男女搭配要合理。教师要注意观察每个小组的活动情况,注意最后评判要公平，淡化最后的名次，注重活动的体验。

阅读材料

个人与团队的交互分析

（1）"木桶效应"中体现的团体对个人的作用。

一个木桶的容水量，不是取决于构成木桶的那块最长的木板，而是取决于最短的那块木板。要使木桶能装更多的水，就要设法改变这块短木板的现状，这就是管理学中著名的"木桶理论"。如果将团队中的队员视作桶的木板，那么团队的竞争力就如同木桶的容水量，研究如何提高木桶的容水量则可以为增强团队的战斗力提供可资借鉴的途径。从这个效应中可以看到团体对于个人的帮助，其实无论是哪种材质的木板，还是多少高度的木板，都是木桶的组成部分，可以看到储水的多少是决定于那块最短的木板，正是由于木板之间的密不可分，才可以形成真正的使用价值。如果你是木桶中那块最短的木板。可以反思到整个团体对于个人的影响。正如我们所说的"三人行必有我师"的道理一样，可以透过团体的效用，和团体成员之间的相互学习而去提升自我价值，使得个人价值是在团体价值提升的过程中，同步进行的。也正是成员之间的相互学习和比拼，使得木桶的储水量逐步加大。个人的成长能在一个良性的环境下进行是幸运的。因为木桶已经为个人提供了一个好的环境，相互学习，不断提升自己，既可以让自己和木桶的价值都最大化。团队中精英可以对自己造成强大的影响，这样的话，可以在更优越，精英更多的群体中，实现团体对于个人的推动力。

（2）"鲶鱼效应"中体现的个人对团体的作用。

"鲶鱼效应"一词起源于北欧居民养沙丁鱼的故事。沙丁鱼生性懒惰，在运输途中常因缺氧而死亡。渔夫将一条鲶鱼放入鱼箱中，沙丁鱼竟奇迹般鲜活起来。在天敌胁迫下，沙丁鱼表现出超强生命力，"鲶鱼效应"由此而来。鲶鱼本体可以代表团队型领导者，沙丁鱼则象征着同质性强的团队群体，他们技能水平相似，缺乏主动性和创新性，效率低下，使团队呈现出委靡不振的状态。有着较强业务能力和较高个人素质的"鲶鱼"型领导能产生让成员不知不觉模仿并追随的效果，进而带动整体。首先团队的组成人员是个人，所以，每个人的力量整合在一起的时候，效用是可以大于个人效用的之和的。所以，一个优秀的团体建设需要有一个优秀的领导，作为开拓者，若是个人的力量可以带动整个团队，无论是领导者还是普通的员工，都可以显示出个人的小小的力量对于整个团队的影响。同样，如果我们是鱼箱中的那条鲶鱼，可以看到个人能力的创新带给整个团队的贡献。如果每个人都具有鲶鱼的特性，勤劳实干，不与别人攀比，有自己的主见，都愿意为团队的利益最大化而努力，那么这个团队所创造的价值也将是很大的。同时，这也是一个相互促进的过程。综上所述，可以看到一个团队中，个人和团体这二者之间的关系，也可以看到个人对团体，也可以看到团体对于个人的相互作用，但是总体来说，这两个目标都是一致的，并且使相互依存的。

小故事

地狱与天堂

牧师请教上帝：地狱和天堂有什么不同？

上帝带着牧师来到一间房子里。一群人围着一锅肉汤，他们手里都拿着一把长长的汤勺，因为手柄太长，谁也无法把肉汤送到自己嘴里。每个人的脸上都充满绝望和悲苦。上帝说，这里就是地狱。

上帝又带着牧师来到另一间房子里。这里的摆设与刚才那间没有什么两样，唯一不同的是，这里的人们都把汤舀给坐在对面的人喝。他们都吃得很香、很满足。上帝说，这里就是天堂。

同样的待遇和条件，为什么地狱里的人痛苦，而天堂里的人快乐？原因很简单：地狱里的人只想着喂自己，而天堂里的人却想着喂别人。

感悟：在一个团队里，如果成员没有团队意识，各行其是，那么，团队的目标将永远无法实现。创建和谐团队，必须增强团队意识。只有大家密切配合，团结协作，才能使团队焕发出生机和活力。

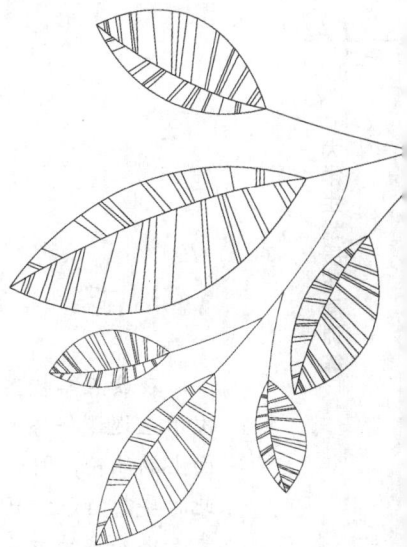

第九章

组织融合类项目

Chapter 9

求生墙

阅读材料

　　在西点军校第 46 期学生毕业的前一天晚上，46 期的学生执行离校前的最后一次水上巡逻任务，因为是最后一次巡逻学生们没有认真的驾驶导致巡逻艇撞上了海面上的油轮，因为是深夜，没人注意到这件事。当时所有西点军校的学生都很着急，此时要想活命就只能爬上油轮高达 4.2 米的甲板。在艇上没有任何攀岩工具，学生们靠着搭人梯的方法爬上了甲板。后来学生们把事件经过报告学校，西点军校也受此启发，在学校的训练场上搭起了高达 4.2 米的墙，每一期学员以 60 人为单位必须在 15 分钟内全部爬上高墙才能获得毕业证书，后来这面墙有了毕业墙的称号。

一、项目介绍

　　该项目叫做求生墙，又叫海难逃生，旨在让学生懂得个人目标与团队目标之间的关系，只有团队获得胜利才是真正的胜利。求生墙项目如图 9-1 所示。

图 9-1　求生墙

　　该项目参与人数不少于 10 人，男生不应少于总人数的 20%。项目完成时间 80 分钟。项目布课时间 20 分钟。项目挑战时间 40 分钟。回顾总结时间 20 分钟。

　　场地要求有高 4 米，宽 3～4 米左右的求生墙一面，一般不得低于 3.5 米，墙后平台低于墙头 1 米，墙宽 25 厘米左右，平台四周必须带有围栏。

　　墙面前有开阔地面放置不小于"3×2×0.25 米"的厚海绵垫两块。

　　海绵垫最好硬度一致，注意中间的连接处，如有可能上面再铺一块海绵垫，避免学生的脚踩到其中。

案例

　　此事发生在北京某家拓展公司，有一个团队正在挑战求生墙，最后一个队员怎么也上不去了，上面的队员拼命地拽住他的双手，可他自己却一点力气都使不出来，于是就这样上也上不上去，下也下不来，被吊在半空中，这时带队教练看到这个情景就让所有的人都停下，然后让上面拽他的学员松手，因为他想，下面是厚达 30 公分的海绵垫，这个学员的高度距离地面只有 1 米多，掉下来摔在海绵垫上不会有一点伤害，学员们犹豫了下，还是遵从了教练的指令，于是大家一齐松手，这个人就掉下来了，他的右脚恰好掉进了两块垫子拼缝中，结果造成右脚踝骨粉碎性骨折。

二、学习目的

（1）提高危机时刻的生存技能，提高安全意识和保护意识。

（2）培训团队内部及团队之间的凝聚力。

（3）民主、有效讨论，合理、快速决策，科学评估创新方案，勇于实践，不断尝试。

（4）认同差异，合理分工，学习最优配置资源。

（5）更深的感受信任和帮助的重要性，挑战难度较大的任务。

三、布课过程

（1）这个项目的名字叫求生墙，有时我们叫它海难逃生。这是一个以团队合作为主的项目，具有一定的难度和危险性。

（2）全体所有成员都要在40分钟以内不借助任何工具爬上这面墙。

（3）进行情景描述，使学生感受活动的紧迫性。

情景描述

我们所有人乘坐一艘大船在海上航行，夜里，正在我们熟睡之际，突然底舱燃起了熊熊大火，警报把我们从睡梦中惊醒，这时大家发现，上到甲板上的路已经被大火阻断，唯一可以通向外部世界的只有货仓，但是货仓没有楼梯可走，只有一面高达4米的墙壁，因此大家要想生存下来，必须翻过这面墙壁。

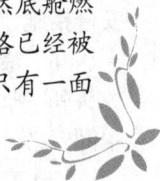

（4）这个项目的规则是：所有成员都要在40分钟以内爬上这面4米高的墙，如有人没上去则视为团队未成功；不允许借助任何可以延长肢体的工具，如衣物、腰带；这个墙面是大家攀爬的唯一通道，不许利用墙的侧边及周围台阶；没有上去的人不能事先从旁边爬上去，已经上去的人不能再从旁边的梯子爬下来帮忙，允许已经上去的同学从原路退下。

（5）所有人员都要移除随身携带的一切硬物，如手表、门卡、眼镜、发卡、戒指、钥匙串等统一放在一边，如果穿硬底鞋、胶钉鞋必须脱掉。

（6）如果大家要采取达人梯的方法，要采用马步站桩式，不超过3人次踩肩，不要将身体靠在墙上，注意腰部用力挺直，用手臂弯曲推墙固定保持人梯牢固。

（7）要有人专门扶持人梯学生的腰，可以屈膝用腿支撑人梯学生的臀部，学生在攀爬时不可踩人梯学生的头、颈椎、脊椎，只可以踩肩、大腿。

（8）拉人时不可拉衣服，拉手时要手腕相扣（即老虎扣，学生如不清楚，教师一定要示范），不可将被拉学生胳膊搭在墙沿上，只能垂直上提，当肩部以上高过墙沿时可以靠在墙上，从侧面将腿上提。

（9）不得助跑起跳，上爬时不可采用蹬走上墙动作，上去后翻越墙头要稳妥。

（10）学生应注意垫子的大小范围与软硬程度，注意垫上活动的安全，避免扭伤脚踝，人多时最外围人员可以弓步站立，一脚站在垫子下。

（11）在攀爬过程中，如果承受不住时大声呼叫，并坚持一会，保护人员要迅速解救。

（12）所有学生必须参与保护，保护人员应采取：以弓步站立，双手举过头，肘略屈，掌心对着攀爬者，抬头密切关注攀爬者，当攀爬者出现不稳时，应随时准备接应。

（13）当攀爬者摔落或人墙倒塌，应迅速在保护自己的同时做出如下动作：当攀爬者顺墙滑下，应将其按在墙上，不得按头；当攀爬者在不高的地方屈膝向后坐下或脚下滑落，应上前抱住；当攀爬者从高空向外摔出，应顺势接住，将其放在垫上。

四、项目控制

安全监控：

（1）检查海绵垫是否完好无损，上面是否有硬物，检查墙头是否松动，带领学生充分热身。

（2）对攀爬者、搭人梯者、墙上提拉者、外围保护者的安全要求不断强调，做到安全事故防患于未然。

（3）监督墙上学生的安全，不准骑跨或者站立在墙头，注意墙后平台的范围，平台上不得超过 8 人；教师监督的站位应该能控制住后面及右侧，左侧有安全人员保护。统计表明，向右侧倾斜的概率较大。

（4）地面学生少于 3 人时教师应该站在人梯后较近的位置适当辅以力量。重点关注前 3 名和最后 3 名学生的攀爬过程，其余学生的攀爬过程可以提拉与托举并用，人梯不用过高。

（5）在搭救最后一名学生时对下挂学生的安全要不断强调、监控，并要求学生讲出他们的安全措施，教师对此进行判断，可以否决或者补充要求。

（6）最后一名学生离地，脚上举或者做其他动作时，教师应站在学生的侧后方，一方面避免头朝下坠落；另一方面避免脸或者头磕在墙上，如坠落顺势帮助调整姿势接住或者揽到垫子中间，必要时休息一会儿再次尝试。

（7）有安全隐患时应果断鸣哨或者叫停。女学生未经特殊训练一般不做中间连接。提醒学生在被队友往上提拉时不要用脚蹬墙，以免磕伤腿及面部。

必须向学生强调对于教师发出的指令不容置疑的原则。在挑战过程中，只要教师口哨响起，学生必须停止操作，不可抱有侥幸心理，感觉只差一点、再使把劲就可以上来了，但是不行，因为"受伤"往往发生在再坚持一下的努力之中。

（8）教师不可参与项目中，如充当倒挂着或者最后一人。如学生身体原因不适合参加，可以不参加或者沿梯子上去。

（9）当学生要搭两组人梯的时候应制止，当被拉学生出现困难而滞留空中或者下滑时，应果断提示学生再搭上一层人梯，或者提示中间学生向一侧抬腿，上面学生抱腿。最后一人的时候无论采用什么方法都要听中间学生的感受，中间学生认为不行应立即停止，不可长时间尝试。

（10）采用倒挂方式时应问清学生方法和安全措施，面向墙壁倒挂时提醒学生，腰部以下不得伸出墙外，有专人拉他的双腿，注意监控。面向外倒挂时提示学生动作，如将小腿压在墙头，膝关节内测卡在外沿，大腿压在墙面上，腿下不得有手臂，后倒动作要慢，压腿的学生不得去拉最后一名被救者。

（11）活动中不得逗乐玩笑，不得在墙面后的平台上蹦跳打闹，完成后注意等候照相的时候边角站的学生的安全。

项目布置阶段：

（1）建议热身运动：慢跑以及关节操，尤其是肩部、腰部的活动。

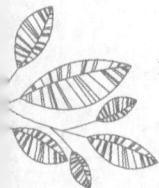

（2）大声清晰、重点突出地向学生布置项目规则和安全要求，及时反馈，确保学生了解任务要求。

（3）鼓励所有学生参与挑战，确认不适合参加该项目学生的身体状况。

项目挑战阶段：

（1）解决问题的办法由学生自己想出，不用给安全操作以外的建议。

（2）学生讨论时间过长没有决策和执行时，可适当提醒时间，一般应留出 2/3 的时间用于执行。

（3）学生尝试多次受挫时应予以适当的推动，包括鼓励和一些小技巧。

（4）记录第一个人开始攀爬的时刻和最后一人的耗时及尝试次数。

（5）最后一人屡次尝试各种方法，都遭遇困难时，如果出现放弃倾向，应巧妙给予提示，如：反问要不要放弃？如防止学生真的放弃，也可问方法不妥、没有尽力、还是换人试试，提示学生找出原因，解决问题；但实在没有办法或无法决定，则采用介入式辅导。

（6）让学生将衣服扎进腰带。

（7）求生墙高于 4 米或学员确因能力不足而上不去时，可以给他们备用绳套并指导使用方法。

五、分享、回顾与总结

（1）对大家共同完成项目给予肯定和表扬。

（2）鼓励大家说说对项目都感受。

（3）决策与及时执行对应对危机的价值？我们在这类活动中是否赶早不赶晚？

（4）第一位上去的人有何感觉？先锋的作用与榜样的力量对他人的激励。

（5）上墙的顺序及角色的认定对团队完成任务的积极作用。

（6）甘为人梯的精神的值得大家尊敬和感谢的。

（7）赞赏"倒挂"的英雄，树立团队成员效仿的榜样。

小贴士

根据大量教学实践经验表明，"倒挂"比"正挂"要安全，但是纵观整个求生墙项目挑战过程，"倒挂"却是看起来最为危险的一个环节，往往这个环节是一个产生英雄的环节。英雄有各式各样的，不同的人心目中有自己的英雄形象，但是他们有一个共同的特征，就是具有某种能力、素质、意识，能够在危急关头，不顾个人安危挺身而出，做出多数人所不敢、所不能的行为。捷克作家伏契克在《论英雄和英雄主义》一文中曾经这样说过："英雄就是这样一个人，他在决定性关头做了为人类社会的利益所需要做的事。"同样，在一个组织里、一个团队里也是这样，当组织、团队遭遇生死存亡的关键时刻，就需要这样为团队利益勇于奉献的英雄出现。《伽利略传》曾有一句话是："没有英雄的国家是不幸的，不需要英雄的国家是不幸的。"我们引申过来可以这样说："没有英雄的团队是不幸的，不需要英雄的团队是不幸的，需要英雄而又无法产生英雄的团队是最最不幸的。"

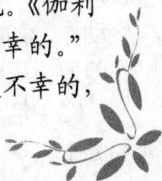

（8）项目完成后，对全体完成的信心差别以及今后遇到此类活动信心的增加。

（9）可以分享曾经个别队伍没有完成的遗憾及他们的感悟。

案例

　　有一个班级团队，在最后一个人的时候，大家决定采用倒挂的方式，队长想自己去倒挂，可是他个子矮，即使他倒挂下去，下面的人还是够不到他，于是，他看着几个身高较高的队员问，你们哪个来倒挂，可是大家你看我我看你，没有一个人愿意出来倒挂，结果可想而知！

（10）把通过时间记录在墙上做为让后来人敬仰的那份荣耀请记住。

（11）再一次祝贺大家完成项目，对他们团结互助的团队精神给予提升，希望并祝愿把这个精神带到大家的学习和生活中去。

小贴士

　　团队最大的作用就是包容个体的弱点，只要是一个组织合理的团队，就可以做到这点。如果我们是完人，没有弱点，"团队"这个词就永远不会产生。但是恰恰我们都有弱点，团队才回应运而生，所以说团队的产生是源于人性的不完善，团队的功能就是通过组织化的力量来超越人性的不完善，从而有效避免短板和漏洞带来的损失，保证我们的目标顺利实现。因此在任何时候不要忘记团队的强大功能，珍惜这个团队的存在，维护它的稳定和谐，不要因为个人的私心杂念而做出任何一点损害团队的事情，让我们大家紧密团结在团队之中，用团队的力量克服我们前进中的一个又一个困难，去翻越一个又一个"求生墙"，把一个又一个看起来不可能的事情通过团队的努力，最终变成可能！

六、重点细节

（1）全程监控每一次变换：当学生欲搭两组人梯时应制止；当被拉的学生出现困难而滞留在空中甚至下滑时，应果断提示学生再搭上一层人梯，或提示中间学生向一侧抬腿，上面学生抱腿；最后一人时，无论采用什么方法都要听中间学生的感受，认为不行立刻停止，不可长时间尝试。

（2）采用倒挂应问清学生的方法，并提出安全上的要求：面向墙壁倒挂方式时，提醒学生腰部以下不得探出墙外，有专人拉住他的双腿，并注意监控；学生采取面向外墙时，应提示学生动作，如将小腿压在墙头，膝关节内侧卡在外沿，大腿压在墙面，腿下不得有手臂，后到动作要慢，压腿的学生不得去拉最后一位被救者。

（3）活动中不得开玩笑，不要在墙后的平台上蹦蹦跳跳，完成后要照相时注意第一排人员的安全。

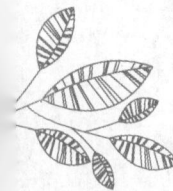

七、课后小结

（1）一般情况下学生能够在 40 分钟内顺利完成挑战，并且能够达到一个团队的高峰体验。

（2）求生墙结束后，学生流露出依依惜别、欲走还留的情绪，正是对素质拓展训练的最高致敬。

 阅读材料

求生墙感悟

——摘自学生心得体会

在这次拓展训练中，给我印象最深的是毕业墙这个项目。在"毕业墙"项目训练时，一堵 4.2 米的高墙，光滑、没有任何工具，要求所有的队员都翻越过去，才算胜利。在这个项目中，我不想说我学到了团结的力量是无穷的，也不想说集体的能力是伟大的，更不想说人的潜能是无限的……这个游戏给予我的，除了感动，还是感动。为第一个爬上墙头，坚持救上一个又一个同伴的朋友感动！为在下面咬着牙甘当基石，让一个个同伴们踏着自己的肩头求生的朋友感动！为指挥大家逃生，用自己的双手将同伴们一个一个高高举起的朋友感动！直到墙下只剩下了一个同学，我最佩服的那个，他是一个船长的角色，一个把生的希望留给别人的人，一个最无私的人。当没有人给他当基石供他向上攀爬的时候，一个一个队友从墙头上伸出手来，墙下的队友坚定地抓住了墙上同伴的腿。当最后一人成功跃上墙头的时候，响起了经久不息的掌声。那一刻，我真的有点想哭！

电 网

一、项目介绍

这个项目的名字叫穿越电网，也叫蜘蛛网，它是一个典型的团队协作项目，这个项目中每个成员都要做最大的努力，否则个别人的放松引起的失误将会造成损失，甚至让全体成员前功尽弃。电网项目如图 9-2 所示。

团队挑战人数 14 人左右。项目完成时间：90 分钟。项目布课时间：5～10 分钟。项目挑战时间：40 分钟。回顾总结时间：40～45 分钟。

室外宽阔的平坦场地，专用电网设施或利用固定立柱（树桩）临时编、挂一张 3～4 米宽，1.6 米高的绳网，网内设有用于学生通过的网眼，数量为学生人数的 1.1～1.2 倍，在较低处留 2 个相对好通过的网眼。

图 9-2 电网

二、学习目的

（1）培养学生合理计划、有效组织，统一行动、亲密协作的意识。

（2）增强学生充分利用资源和对资源的配置能力。

（3）认识合理分工与服从组织安排的重要性。

（4）培养团队的科学决策方法和严谨细致的工作作风。

（5）合理节约时间的意义和作用。

三、布课过程

（1）**热身游戏：信任传递游戏**

要求：

① 由轻到重，由慢到快。

② 口令整齐一致，动作整齐划一。

③ 注意安全，彼此衔接得当，结束时一定要依次放下脚、腿、腰、上身和头部。

规则：

① 两小组面对面站成肩并肩的两排，两排的间距为60厘米左右，所有人的双臂微微弯曲，形成一个结实的传送带。

② 被传递的学生，像背摔一样保持身体的笔直，在过程中的沟通为"我叫×××，我相信你们！""×××，我们支持你，×××我们支持你"。

目的：

① 培养学生做准备活动的习惯和能力，预防伤病的发生。

② 进一步融合团队，为电网做好充分准备的心理准备和技术准备，并激发挑战热情。

（2）这个项目的名字叫电网，有时也叫蜘蛛网，它是一个团队协作的项目，要求所有人在40分钟内，从网洞中穿过，达到电网的另一边。

情景模拟：

完成任务撤回的小组，在无其他路可走的正前方有一张大网，你们必须从网中钻过去才可以通过，由于你们各自身负重任，必须全体通过。保守估计敌兵40分钟内将追来，他们的火力远优于你们。这是一张有"漏洞"的"智能网"，任何人触碰电网都会被"击伤"并关闭网洞，每一个网洞只能通过一个人，别无选择，开始行动吧。

（3）每个网眼只能通过一人次，通过后即封闭。

（4）任何人、任何物品不可以触网，触网部分所在的网眼将被封闭，正在通过的人退回重新选择网眼通过。

（5）过网的唯一通道就是未封闭的网眼，两边的学生不可从网外来回换边。

（6）身体的任何部位触网均视为违例，包括头发、衣服。

（7）项目挑战过程中出现危险动作或教师叫停时项目停止。

四、项目控制

安全监控：

（1）检查场地是否有尖锐物体，确认绳网与立柱牢固可靠。

（2）要求学生把身上所有硬质物品放旁边安全地方。

（3）学生被托起后，任何情况下不得将其抛起或松手，放下时先放脚，待其站稳后其他人才可松手。

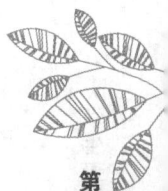

（4）对学生贸然尝试、蹒跃、触摸电网等动作应相应处罚，如封网或戴一会眼罩等。

（5）教师要注意站位，保持在人少的一边，时刻做好保护准备。

项目布置阶段：

（1）做项目前确认参加人数和整体学生的体型特征，根据分析检查和封闭多余的网眼。

（2）确认可通过网眼数位人员数的 1.1～1.2 倍。

（3）准备好封网眼的挂件，最好是带夹子的小铃铛或模拟蜘蛛，放置在固定的地方备用。

（4）如果地上尘土过多，可以在网对面适当放一块小垫子或帆布。

项目挑战阶段：

（1）项目开始后，对触网情况要严格监督，以提高学生的严肃性和警惕性，后期在强调规范动作的同时可视情况适当放松尺度。

（2）第一个学生穿越后，教师应该用赞美的语言进行鼓励。

（3）封网洞时，动作要轻，态度要严肃，忌手碰网洞边框绳。

（4）如果女生被抬起通过时，避免学生面朝下，并提前提示：扎头发、脱掉厚衣服等。

（5）主要保护学生的安全，坚决制止违反安全规则的动作和行为。

（6）留心观察每个学生的表现，包括语言、行为、表情、时间、结果等，在分享回顾阶段用。

（7）对项目过程中完成难度最大的穿越进行鼓励和表扬，使学生始终保持高昂的士气。

（8）项目进行中，要保持对团队每个成员的每个动作的高度关注，尽量近距离进行观察和监督。

五、分享、回顾与总结

（1）对学生顺利完成任务给予鼓励和肯定，没能完成时慎用赞美之词。

小贴士

成功：大家静静地去看一看，这个队伍里每一个人，去感受一下每个人对你的付出。时间虽然短暂，你从他的身上学到了什么？你从他们身上感受到了什么？在这里请允许我嘉许这个团队，赞美团队中每一个同学，在我心里，你们是我带过的队中最优秀的一个队，我从来没有见过这样出色的队。

失败：好，我们来看看这个项目的结果，还有两名同学没有过来，与你们"遥遥相望"，并被敌人俘获。在整个项目挑战过程中，我观察了每一个的同学的表现，大家都很认真、都很努力，都不想放弃自己的队友，没有过来的两个同学也是自告奋勇牺牲自己留在电网那边的，值得赞赏、值得你们钦佩，但是我们是不是缺乏一点点思考、一点点集体智慧。诚然，这仅仅只是一个拓展项目，然而在生活中会有无数个"电网"需要我们去突破、穿越，希望这次的结果能够给我们带来一些警示和启示。

点评：根据成功导向原则，合理监控项目挑战过程，尽量不要让认真付出、合作努力、热情高涨的团队失败，需要教师引导为辅、适时对团队加以辅导。

（2）鼓励每一个学生谈谈自己的感受，并对发表的意见给予肯定，对自己和团队完成任务的关键学生给予特殊的表扬。

（3）当面对这张网时，我们的第一感觉是什么？对通过的信心如何？

（4）我们可利用的资源是什么？时间、身体、智慧、网眼，如何分配合理利用这些资源，自己心中选择的网眼与团队配置的异同。

小知识

可以引入团队角色理论，英国剑桥大学贝平博士认为，每个团队的成员都会担任两种角色—职务角色和团队角色。职务角色是显而易见的，而团队角色是潜在的、不易被认识的。要建立一个成功的高绩效团队，应注重团队角色的研究和搭配。一个高绩效的团队必须是 8 种不同角色的有机组合，他们是：协调员、智多星、塑造家、塑督员、信息员、实干家、凝聚者和善后者。角色的 8 个类型，不一定是相对应的 8 个人。实践表明，一个相对成功的团队，必然是 8 个角色相对齐备，只不过，因团队人数多少不一，可能是多人承担一个角色，或一人担任多个角色。

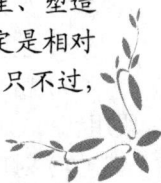

（5）在被人抬起后，我们的感觉怎样？要做的事情是什么？充分的信任是完成任务的重要部分，有时"保持不动"也是最好的"做功"。

（6）引导学生对讨论、决策、执行的各个环节进行分析，结合实际生活与学习、工作进行分享。

（7）寻找方法与总结经验以及借鉴经验重复完成任务的能力，现实生活中的批量化生产与成本最低的问题分享。

（8）统筹方法与全局观点合理运用与提高。

（9）细节决定成败，尽量减少各种不利因素以及在完成任务中的细心与耐心，良好的监督机制对完成任务的价值。

六、重点细节

（1）设置网眼时，三角形网眼不超过网眼总数的 1/3，以适当网眼降低对学生的心理冲击。

（2）重点关注第一位和最后一位通过的学生，对第 1 位要求严格，对最后 1 位要根据情况适当掌握尺度。

（3）发现有体重过大的学生时，在腰高的部位适当调整出相对容易通过的网眼。

七、课后小结

（1）队伍中学生作为领导所展现出的领导力直接关系到团队的表现，有较大的差异性。

（2）要适时地辅导团队。

（3）在分享回顾中要点评合理，在提升环节中多加鼓励。

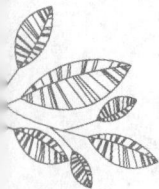

浅谈电网中的"体罚"运用

电网的名称很多，有的叫蜘蛛网，有的叫生死电网，有的叫穿越电网，总之叫法多样，规则不一。我们翻阅过大量的电网资料以及心得体会，也多次参与过不同的拓展公司的电网项目，发现项目中或多或少会存在体罚：分为两类，一是犯规体罚，二是挑战失败体罚。

这里并不是否定体罚，毕竟素质拓展与体育课有着不可割裂的联系，具有较高的体适能价值，关键在适中、适度、适时。先说犯规体罚，例如某单位拓展培训师在布课时说："任何人触碰电网罚 10 个深蹲。"这项规则究其运动量并没有不妥当的地方，10 个深蹲对任何身体状况正常的学生而言都是轻而易举的事情。我们都知道在触网经常发生在穿越电网的学生身上，而使其触网的则是"托"、"抬"或"送"他的同学，这样对穿越电网的学生而言实际上是"被体罚"，会引起不必要的争议。再者，电网项目规则本身已经对触网的情况做了说明，再体罚既浪费学生项目挑战时间、加大挑战难度又显得多此一举。

再谈挑战失败的体罚，又分为两种，一是挑战失败，全队受罚；二是为了顺利完成挑战，给没有穿过电网的学生再次挑战的机会。第一种显然不可取，本身挑战失败，士气低下，教师应不予余力的给团队打气，若再加上体罚，师生之间会产生不必要的矛盾。第二种则较为可取，很多学生在提到这种情况时说："40 分钟时间到了，但是还有一个同学没有过来，我们都很着急，觉得功亏一篑。但这时教练说给我们最后一个机会，让我们穿过电网的同学每个人做 10 个俯卧撑，以换取电网那边同学过来的机会。"这样看来并无不妥之处，毕竟拓展项目包含了积极、成功、向上等元素，只是在提出这个补救措施的说辞太牵强附会，教师应结合情景模拟，既让学生在"绝处"感到"柳暗花明又一村"的惊喜，又能体验到成功穿越电网的震撼，从而更加珍惜来之不易的胜利。

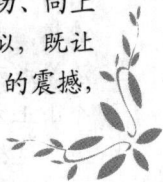

七巧板

一、项目介绍

一个团队分成 7 个小组，模拟组织中不同部门或者各个分支机构，通过完成一系列复杂的任务，团队进行体验沟通，团队合作，信息共享，资源配置，创新观念，高效思维，领导风格，科学决策等管理主题拓展，系统地整合团队。

项目以七巧板为培训道具，变幻无穷，寓教于乐，带给学生无限体验的空间。

七巧板项目如图 9-3 所示。

人员要求 28 人左右。项目时间：85 分钟。项目布置：5 分钟。活动时间：40 分钟。分享回顾：40 分钟。

训练场地分场地版和室内版两种。

场地版要求户外一块平整场地，最小 4×4=16 平方米。

图 9-3 七巧板

室内版最小 4×4=16 平方米可以用来进行项目。

训练器材：

（1）室内可以有 7 个桌子，每人一把椅子较好，也可以在地面划定 7 个 80cm×80cm 的区域。每个组之间距离 1.5 米，实际上 7 个组为一个正六边形的 6 个顶点和 1 个中心点。

（2）七巧板 5 套，要求每套一种共 5 种颜色，共 35 块。材料可以选择硬纸板、塑料板或者有机玻璃板。

小贴士

市场上销售的七巧板，一套七块的颜色不尽相同，这时候可以向专业的培训器材商订购。当然，如果我们知道七巧板的制作方法的话，自己动手制作也是很好的选择，我们先选择 5 种颜色同种材料的正方形，这些材料可以是硬纸板、塑料板等，漆涂成不同颜色，边长根据需要而定，如 20cm。然后按照将颜色正方形均分为 16 个小正方形，并按照下图连线分成 7 块。

这样 5 种不同颜色的正方形被分成 35 块七巧板。

图 9-4 所示为用正方形材料自制七巧板道具图解。

（a）

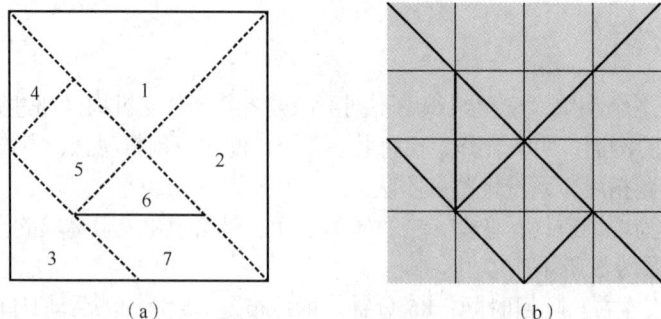

（b）

图 9-4 自制七巧板道具

（3）任务书 1～7 各一张，共 7 张。

实际操作中，任务书往往会频繁传递，有的时候学生会将它置于地上，所以在自己打印制作任务书时，需要使用较厚的纸张，这样比较耐磨，不易撕扯坏。

（4）图1～7（内容分别为：人，骑马的人，马，猫，鸟，鸭子，斧子）各一张，共7张。

（5）按照记分表做好的大白纸一张或直接在白板上画好。

二、学习目的

（1）培养团队成员的沟通的意识，提高沟通技巧和沟通能力。

（2）学习竞争、合作与共赢之间的内在关系和学习价值。

（3）了解团队目标与个体目标之间的关系，并通过实践分析二者之间的关系。

（4）了解团队领导者角色定位和领导作用。

三、布课过程

（1）分组。

按照"1～7报数"或"抢凳子"的方法将团队队员分成7组。

将各组队员安排到位置上坐好，如有队长或学生干部尽量不要将其安排在中间位置，中间位置最多两人。宣布7个组的编号，使队员产生分队感。

（2）发放七巧板，可按颜色分、形状分、也可打乱分，每组5块。教师要记住第1组学生，依次排序至第6组，中间为第7组，按顺序发任务书、图样（不要发错）。

实在实际操作中，第7组最后得到任务卡时，其他的组已经处于活跃状态，沟通的信道被各种声音充斥，无疑营造了项目挑战的紧张氛围。

（3）在规定时间（40分钟）内，每组队员按照任务书的要求完成任务，每完成一项任务，请举手告知教师，教师确认后，将登记相应的分数。

（4）项目的规则。

① 位置是固定的，不可以移动。

② 身体不可以离开所在的椅子。

③ 器械不可以在空中抛接，只能手递手传递。

四、项目控制

安全监控：

（1）不要拿器械道具玩耍打闹，避免误伤他人。

（2）活动项目轮换时，不要把器械随意扔在地上，按照提前摆设的项目区域适当放置。

（3）避免学生发生冲突，合理使用拓展训练的"调停技术"。

项目布置阶段：

（1）建议热身游戏：5 个简单的问题。

（2）不要把团队队长以及班级学生干部放到第 7 组。

（3）适当控制各组之间的距离，身体探出去后手能碰到即可。

项目挑战阶段：

（1）简单精练的语言讲解活动要求，明确指出所有任务以任务书为主。

（2）需要两个助教协助维护现场秩序，同时查验各队完成任务情况后，助教大声报出结果，如"第 1 组完成图形 1，加 10 分"，教师郑重地在计分栏上写上成绩。

（3）项目挑战中随时提醒学生在项目中使用七巧板时注意安全，只能手递手传递，严禁抛扔。

（4）将图 1～7 按顺序发给 7 个组，最后将任务书 1～7 按顺序发给第 7 组。

（5）最后把团队总分算好，如果达到 1000 分，宣布项目成功，没有达到则项目失败。根据任务书的记分规则，如果所有图形在规定的时间内都组好了，总分应该是 1046 分。注意项目时间，必要时加以提醒。

小贴士

在布课的时候，根据学生班级团队情况，小队之间应有距离间隔，以能用手与其他小组交换道具为准，挑战过程中重复强调同学们不能离开指定区域，对违反者进行相应"处罚"，学生之间的沟通相互影响，形成固定沟通关系。

成绩公示栏在制作后，应该尽量摆放在大家都能看到的位置，一方面成绩交替上升，能增加完成任务的紧迫感；另一方面，第七组成绩公示的不同，实际上也暗示其不同身份。

五、分享、回顾与总结

（1）快速计算出学生得分，并公示在计分板上。

（2）组织学生按原先分组围坐在一起，每一组先派一个代表或所有人都简单地发表自己的看法。

（3）让每组选派代表大声念出自己的任务书。1、3、5 组的任务完全一样，2、4、6 组任务也一样，并且这 6 组的第 3 个任务完全一样。只要各组通过有效的交流，或者第 7 组有效领导与分享传达信息，项目会简单很多，由此看来信息共享是节约成本、减少内耗的关键点。

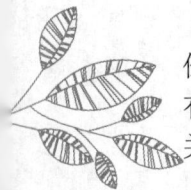

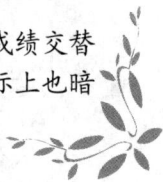

小贴士

哈佛商学院管理学院教授 Anne Donnellson 博士在《团队沟通障碍》一书中对于团队沟通障碍进行了分析，指出团队沟通障碍分为两个层面，个人与团队。团队层面主要是机制障碍，影响团队沟通效果。团队需要解决的问题：相互信任、建立流程、跨越冲突、达成共识。个人层面主要是沟通技巧不足，影响个体间沟通效果。个人需要解决的问题、沟通心态、表达技巧、倾听技巧、反馈技巧、沟通方式的选择。

物理状态上的孤立，使得大家在心理上也产生了一定的疏离感，再加上有各自的不同的小目标，因此根本没有意识到我们是一个团队，而在不停地为各自的小目标而奋斗。沟通的无效使得大家在整个过程中都处于一种无序的状态，只能通过不停的大叫来引起别的队的注意，吵吵闹闹如同菜市场一般，这种混乱状态，使得作为领导者的第 7 组根本没有办法跟其他 6 组进行沟通并告知整个团队的目标，各个小组之间也无法明确彼此任务的异同以实现更高效的合作。这种沟通的无效性，对于有效资源的竞争变成了一种抢夺，大家不停地互相抱怨，并出现经常性的冲突与争吵，团队因此不复存在，成为一盘散沙。

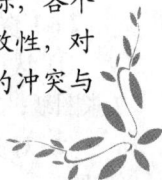

（4）学生对第 7 组的组员往往颇有微词，这的确是对第 7 组的重要性的认定，第 7 组的任务带有明显的领导特点，第 7 组对其他小组完成正方形会不懈努力，但是对于任务书中团队 1000 分的目标做的努力往往不够，这是让学生难以形成大团队的重要因素。

小贴士

由于团队目标的不明确，使我们把各自的小目标当成了自己的终极目标，而不知道大目标的存在。由于资源的稀缺性，每个队在实现自身的小目标的时候，势必出现对有限资源的争夺以及独占的情况。从而导致其他团队的利益受到损害，如果我们确实是各自为政的小团队，这样的结果无可厚非，毕竟大家在各自的利益驱动下必然会想尽办法使得自己得到最大利益。但当我们是一个团队下的不同部门时，情况就有了变化。团队的收益并非各个部门收益的简单相加，单独的一个部门获得最大收益并不意味着整个团队收益的最大化，相反很有可能损害到整个团队的总体利益。

因此，要成为一个成功高效的团队，必须要让团队成员明确整个团队的大目标，而不应该只告诉他们各自的小目标。这样团队的各个成员在完成各自小目标的时候，才会从团队大目标出发，进行全面的统筹安排，兼顾团队的其他成员，对有限资源进行合理配置。

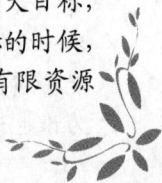

（5）第7组的任务有3条：领导团队达成目标，指挥团队完成正方形的任务，支持团队获得更多分数。再加上第7组的地理位置，可以看出第7组是团队这个项目的领导，第7组作用的发挥对于团队目标的达成有重要的影响。

小贴士

　　一个团队的领导者很重要，它直接影响着团队能否成功。不仅如此，他的每一个决定都影响着团队的效率。如果他的领导出现偏差，直接的影响就是团队效率的降低，如果领导得当，就可以使团队的资源优化配置，高效地完成任务。《亮剑》中李云龙说曾说过"兵熊熊一个，将熊熊一窝"，一支部队，一个团队，它的强大与否完全取决于领导的能力，如果没有领导来发挥作用，则整个团队便是一盘散沙，注定不会成功。

（6）资源配置：七巧板项目中团队资源配置状况对团队成绩也有非常重要的影响。

① 认识资源，在项目中团队拥有的资源包括：7个组员的智慧，分到7个组的35块板子，7张图纸，7张任务书，40分钟的时间。

② 对资源的进一步分析，任务重，需要群策群力，分清轻重缓急，明确进度，做好时间管理。

③ 如何对资源进行合理配置？

（7）信息的公开与共享，跨部门之间的协同、合作。如果把这个项目比作一个公司，6个小组就是其中的6个部门，第7组就是领导部门，他们可以掌握公司总的方向，能够协调另外6个组，合理的分配共有资源，来使整个公司效益达到最高。

（8）分享中注意的几个问题。

① 较多队员对第7组不能及时传递出信息的意见较大，使用换位思考法等方式引导学生从团队的层面思考。

小贴士

　　在40分钟的时间限制下，大家的心理都是急于在最短的时间内完成自己手中的任务。在现实组织活动中，这种现象也很常见，因为"在最短的时间做对事情"往往是组织整体和每个成员目标。但是，大家几乎都对本次挑战没有任何宏观性的思考，就行动了。对于一个组织来说，这其实是很危险的。

　　大家不要责怪第7组，因为都是"事后诸葛亮"，如果当时自己就在第7组，也不一定做得比他们好。但是我们要有"领导意识"，即领导的角色加之于身的时候要能扮演，会扮演个角色，这并不意味我们所有人都要当领导，要时刻准备着，因为谁也说不准，很可能下一项目中自己就被推到领导位置上去了。

② 盲、茫、忙、亡，对制订的任务视而不见即为盲，造成后面的工作是茫然，接下来是一路的忙，根据项目规则未完成安排任务所有小组都视为未完成工作，因为这个工作中大家是一个整体，结果引申出一个字'亡'。

（9）可以联系到人际交往，人在遇到困难的时候都会先去寻找自己的熟人和朋友，若不行才会去找陌生人，在与陌生人交往中，逐渐熟悉并建立了初步的信任和友谊，因此就会进一步交往。当你的朋友越多时，你收集资源的能力就越强，并且能够得到的支持就越大。

（10）关于竞争、合作与共赢是这项活动中的重要理念。由于资源的有限，使得每个团队不得不产生竞争；而每个队已有的资源又不足以完成任何一个任务，又使得大家要完成任务就不得不进行合作。

小贴士

在项目挑战的过程中，我们听到的最多的话就是"我要板"、"给我×色的板"、"你们的××给我们用下，下次你们要什么都给你们"或者"我们给你们××，下次你们给我们××"。这种合作，是基于竞争的合作，目的还是为了自身利益的最大化，非双方利益的最大化。而真正意义上的合作，应该是一种双赢的合作，即在双方明确共同目标的情况下，对有限资源进行合理配置，使得彼此都能获得较大的收益。

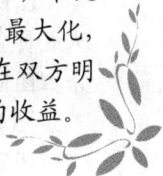

六、重点细节

（1）检查各组拼图在关注图形的同时，一定要检查是否按照任务书中要求的颜色拼图。
（2）如果拼正方形时因为拼图困难延误时间，可以将七巧板的方盒发给学生。
（3）每种颜色的正方形只有一次机会，只有 5 个组可以得到正方形图案的 40 分。

七、课后小结

（1）能够完成任务的队伍较少，表明该项目难度系数较大。
（2）不需要一味追求成功，有时候挫折对于发展中的团队来说是件好事。

小知识

高效团队（The High Performance Team）是指发展目标清晰、完成任务前后对比效果显著增加，团队成员在有效的领导下相互信任、沟通良好、积极协同工作的团队。
（1）明确的目标——P（Purpose）
高绩效的团队拥有明确的目标，主要有以下四点。
① 团队成员能够描述，并且献身于这个目标。
② 目标十分明确，具有挑战性，符合 SMART 原则。
③ 实现目标的策略非常明确。
④ 面对目标，个人角色十分明确，或团队目标已分解成个人目标。

（2）赋能授权——E（Empowerment）

赋能授权指团队已从集权向分权的方向过渡，团队成员感觉个人拥有了某种能力，整个群体也拥有了某些能力。赋能授权体现在两个方面：

① 团队在组织中地位提升，自我决定权也在提高，支配权很大；

② 团队成员已经感觉到拥有了某些方面的支配权。

比如说麦当劳，过去员工没有权利给顾客超过两包以上的番茄酱，而要请示主管，而近些年来麦当劳已经改变这种方式，员工可以自己做主了。

（3）关系和沟通——R（Relation and Communication）

在关系和沟通方面，高绩效的团队表现出的特征如下：

① 成员肯公开而且诚实表达自己的想法，哪怕是负面的想法；

② 成员会表示温情、了解与接受别人，相互间的关系更融洽；

③ 成员会积极主动地聆听别人的意见；

④ 不同的意见和观点会受到重视。

（4）弹性——F（Flexible）

团队成员能够自我调节，满足变化的需求，这就表现出一种弹性和灵活性。团队成员需要执行不同的决策和功能，当某一个角色不在的时候要求有人主动去补位，分担团队领导的责任和发展的责任。

（5）最佳的生产力——O（Optimal Productivity）

团队有了很好的生产力，产出很高，产品品质也已经达到了卓越，团队决策的效果也会很好，显然具有了明确问题的解决程序。这样的团队做任何一件事情或处理任何危机都有科学的程序。

（6）认可和赞美——R（Recognition）

当个人的贡献受到领导者和其他成员的认可和赞美时，团队成员会感觉到很骄傲；团队的成就涉及所有成员的认可，团队的成员觉得自己受到一种尊重，团队的贡献受到了组织的重视和认可。从个人到团队都受到一种认可，人们的士气就会提升。

（7）士气——M（Morale）

每个人都乐于作为团队中的一员，都很有信心，而且士气高昂。如果团队成员对于自己的工作都引以为荣，而且很满足时，团队的向心力就会很强，士气高昂。

阅读材料

生活在海边的人常常会看到这样一种有趣的现象：几只螃蟹从海里游到岸边，其中一只也许是想到岸上体验一下水族以外世界的生活滋味，只见它努力地往堤岸上爬，可无论它怎样执著、坚毅，却始终爬不到岸上去。这倒不是因为这只螃蟹不会选择路线，也不是因为它动作笨拙，而是它的同伴们不容许它爬上去。你看每当那只企图爬离水面的螃蟹，就要爬上堤岸的时候，别的螃蟹就会争相拖住它的后腿，把它重新拖回到海里。人们也偶尔会看到一些爬上岸的海螃蟹，但不用说，他们一定是单独行动才上来的。

在南美洲的草原上，有一种动物却演绎出迥然不同的故事：酷热的天气，山坡

上的草丛突然起火，无数蚂蚁被熊熊大火逼得节节后退，火的包围圈越来越小，渐渐地蚂蚁似乎无路可走。然而，就在这时出人意料的事发生了：蚂蚁们迅速聚拢起来，紧紧地抱成一团，很快就滚成一个黑乎乎的大蚁球，蚁球滚动着冲向火海。尽管蚁球很快就被烧成了火球，在噼噼啪啪的响声中，一些居于火球外围的蚂蚁被烧死了，但更多的蚂蚁却绝处逢生。

启示：这两则关于动物之间团队合作的故事相映成趣，说明这样一个道理：掣肘，易事难为；合作，难事可成。

附一　各组任务书

1组任务书

你们组的任务：

（1）用5种颜色的图形分别组成图1～6，每完成一个图案将得到10分；

（2）用同种颜色的图形组成图7，完成后将得到20分；

（3）用3种颜色的7块图形组成一个长方形，完成后将得到30分。

每完成一个图案，请通知教师，教师确认后，将登记分数。

2组任务书

你们组的任务：

（1）用同种颜色的图形分别组成图1～6，每完成一个图案将得到10分；

（2）用五种颜色的图形组成图七，完成后将得到20分；

（3）用三种颜色的七块图形组成一个长方形，完成后将得到30分。

每完成一个图案，请通知教师，教师确认后，将登记分数。

3组任务书

你们组的任务：

（1）用5种颜色的图形分别组成图1～6，每完成一个图案将得到10分；

（2）用同种颜色的图形组成图7，完成后将得到20分；

（3）用3种颜色的7块图形组成一个长方形，完成后将得到30分。

每完成一个图案，请通知教师，教师确认后，将登记分数。

4组任务书

你们组的任务：

（1）用同种颜色的图形分别组成图1～6，每完成一个图案将得到10分；

（2）用5种颜色的图形组成图7，完成后将得到20分；

（3）用3种颜色的7块图形组成一个长方形，完成后将得到30分。

每完成一个图案，请通知教师，教师确认后，将登记分数。

5组任务书

你们组的任务：

（1）用5种颜色的图形分别组成图1～6，每完成一个图案将得到10分；

（2）用同种颜色的图形组成图7，完成后将得到20分；

（3）用3种颜色的七块图形组成一个长方形，完成后将得到30分。

每完成一个图案，请通知教师，教师确认后，将登记分数。

6组任务书

你们组的任务：

（1）用同种颜色的图形分别组成图1～6，每完成一个图案将得到10分；

（2）用5种颜色的图形组成图7，完成后将得到20分；

（3）用3种颜色的7块图形组成一个长方形，完成后将得到30分。

每完成一个图案，请通知教师，教师确认后，将登记分数。

7组任务书

你们组的任务：

（1）领导团队在规定时间内完成任务，达到1000分的目标；

（2）指挥其他各组成员，用所有的35块图形组成5个正方形，每个正方形必须由同种颜色的7块图形组成。每完成一个正方形，你将得到20分，组成正方形的那个组将得到40分；

（3）支持其他各组成员，在规定时间内得到更多的分数，其他各组总分的10%将作为你的加分奖励。

附二　图纸

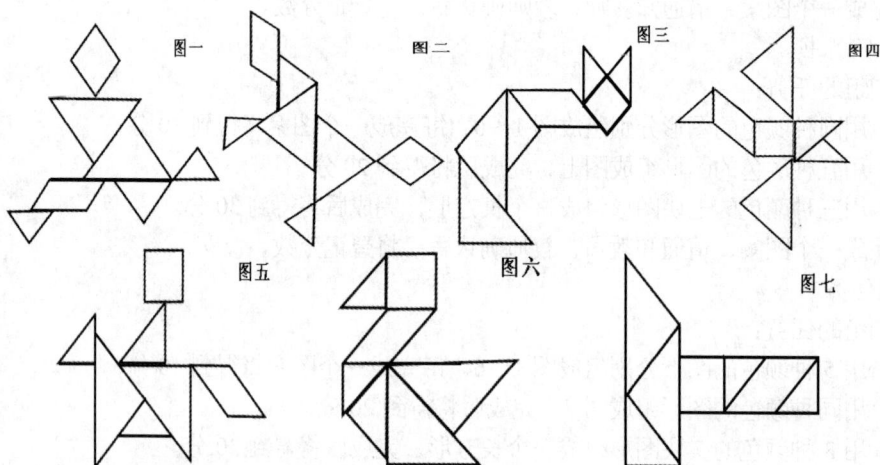

图一　图二　图三　图四

图五　图六　图七

附三　计分表

七巧板记分表

队名：　　　　　　　　　　　　　　　　　　　　　　　　总分：

	1	2	3	4	5	6	7	8	9	总分
1组										
2组										
3组										
4组										
5组										
6组										
7组										

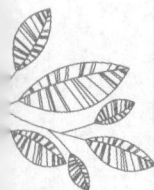

记分表说明：

（1）记分表要在培训前在大白纸或白板上画好。

（2）项目进行过程中，教师得到学生组好图形的示意后，到学生那确认学生的组号和所组的图形，然后把相应的得分记在记分表的相应位置。记分表第一行标的1~7分别对应图1~图7，8对应的是周围6组组成的长方形，9对应的是周围6组组成的正方形。第7组的第1个格记录的分数为周围6组总分的10%，第2个格记录的是周围6组组成的正方形数乘以5后的分数。注意，正方形只有5个有分，所以周围6组肯定有一组没有正方形的分数。

（3）最后把团队总分算好，如果达到1000分，宣布项目成功，没有达到则项目失败。根据任务书的记分规则，如果所有图形在规定的时间内都组好了，总分应该是1046分。

参 考 文 献

［1］（英）柯林·比尔德. 体验学习的力量. 广州：中山大学出版社，2003.

［2］（美）盖瑞·凯朗特. 户外培训游戏大全. 北京：企业管理出版社，2003.

［3］白波. 博弈的游戏. 哈尔滨：哈尔滨出版社，2004.

［4］（英）玛格丽特·帕金. 巧用故事做培训. 北京：中国商业出版社，2011.

［5］李刚豳. 做最好的拓展培训师. 北京：企业管理出版社，2008.

［6］李金芬，周伟红. 拓展训练. 北京：中国水利水电出版社，2010.

［7］谢恩杰. 学校拓展训练. 北京：中国科学技术出版社，2007.

［8］陶宇平. 户外运动与拓展训练教程. 成都：电子科技大学出版社，2006.

［9］刘庆君，王贺. 团队拓展训练教程. 大连：东北财经大学出版社，2011.

［10］经理人项目编写组. 培训游戏全案·团队. 北京：机械工业出版社，2010.

［11］钱永健. 拓展训练. 北京：企业管理出版社，2012.

［12］毛振明. 学校心理拓展训练. 北京：北京体育大学出版社，2005.

［13］杨成. 经历·体验·成长. 广州：广州人民出版社，2004.

［14］（美）约翰·科波. 企业文化与经营业绩. 北京：华夏出版社，1997.

［15］众行管理资讯研发中心. 管理培训游戏全案. 广州：广东经济出版社，2003.